Uli Rothfuss

Schäffer, Räuberfänger

Uli Rothfuss

Schäffer, Räuberfänger

Der erste »moderne« Kriminalist Württembergs

Silberburg-Verlag

Umschlagbild:
Eberhard Stammel (1833–1906): »La bourse ou la vie!«, Öl auf Holz

1 2 3 4 5 01 00 99 98 97

Druck: Röck, Weinsberg.
Printed in Germany.

ISBN 3-87407-257-6

Inhaltsverzeichnis

7 Vorwort

9 Schwaben – das »Eldorado der gesetzlosen Leute«

22 Georg Jacob Schäffer: Erfolgreichster Räuberfänger seiner Zeit

29 Der »Konstanzer Hanß«: Berüchtigter Räuber und Verfasser eines Sprachführers

53 Hannikel: Ein Schrecken seiner Zeit

61 Schäffers Reise in die Schweiz: Bericht an den Herzog

102 Hannikel wird hingerichtet

116 Schäffer deckt einen Justizmord auf

120 Vom Räuberfänger zum vielgelesenen Schriftsteller

127 Kriminalist und Sozialarbeiter

132 Unermüdlich bis ans Lebensende

137 Quellen

139 Bildquellen

140 Anhang: Wahrhafte Entdeckung der Jauner- und Jenischen-Sprache, von dem ehemals berüchtigten Jauner Kostanzer-Hanß

159 Über den Autor

Dieses Bild Hannikels schuf der Kunstmaler Kölreuter wahrscheinlich kurz vor der Hinrichtung des Räuberhauptmanns im Jahr 1787.

Vorwort

Dieses Buch entstand auf der Grundlage der Studie von *Oberjustizrat Eduard Eggert: Oberamtmann Schäffer von Sulz – Ein Zeit- und Lebensbild* aus dem Ende des vorigen Jahrhunderts, erschienen im Jahr 1897 in Stuttgart in der Reihe der Württembergischen Neujahrsblätter im Verlag von D. Gundert. Einzelne Kapitel wurden vom Autor neu konzipiert und verfaßt, mehrere insgesamt dem genannten Buch entnommen, ergänzt und dem heutigen Sprachgebrauch angepaßt. Der Bericht Schäffers an den württembergischen Herzog Karl aus dem Jahr 1787 über die Rückführung des Räubers Hannikel aus Graubünden nach Sulz wurde ebenfalls dem genannten Buch entnommen und vom Autor in eine heute lesbare Sprache übersetzt; dabei wurde versucht, die Eigenart der Sprache Schäffers weitgehend zu erhalten. Zitate wurden, soweit nicht besonders vermerkt, ebenfalls aus der Studie von Eggert übernommen. Die darüber hinaus verwendete Literatur ist am Schluß des Buches aufgelistet.

Folter durch Aufhängen. Aus der »Constitutio Criminalis Theresiana«, 1768. Die Gerichtsverordnung der Kaiserin Maria Theresia versuchte mit Bildern wie diesem, die Folter an Regeln zu binden.

Schwaben – das »Eldorado der gesetzlosen Leute«

Daß die Unterthanen auf dem Land, an statt sie nach Ausstehung so vieler Kriegs-Beschwerlichkeiten anjetzo einer Sicherheit und Ruhe zu geniessen haben sollten, sich der beständigen Gefahr, durch Diebstahl, Raub, und andere Gewaltthaten, ja gar durch Mord und Brand um das Ihrige zu kommen, ausgesetzet sehen müssen« – so heißt es in der Einleitung eines »Gaunerpatents« des Schwäbischen Kreises aus dem Jahr 1736, einem amtlichen Steckbrief für gesuchte Räuber, Gauner und gefährliche Vaganten. Räuber- und Diebsgestalten verbreiteten vor allem im 18. und beginnenden 19. Jahrhundert Angst und Schrecken im schwäbischen Land, den Höhepunkt ihres Treibens erlebte gerade der süddeutsche Raum an der Wende vom 18. zum 19. Jahrhundert.

Einzelne Räuber stiegen auf zu literarischen und bis in die heutige Zeit sagenumwobenen Helden – als »Nachklang einer Zeit«, wie der große Rechtsgelehrte Gustav Radbruch in seiner »Geschichte des Verbrechens« erklärt: Schiller macht in seinen »Räubern« den Räuberhauptmann zur erhabenen, wenn auch gesetzlosen Gestalt, und den 1760 hingerichteten schwäbischen Räuber Friedrich Schwahn, genannt »Sonnenwirtle«, stilisiert er gar zum »Verbrecher aus verlorener Ehre«. Auch die in Hebels »Schatzkästlein« beschriebenen Streiche des »Zundelheiner« und des »Zundelfrieder« entsprechen in ihrer literarischen Bearbeitung bei weitem nicht dem Unwesen, das diese schwäbischen

Räuber und Brandschatzer in Wirklichkeit an den Tag gelegt haben.

Bereits der Urheber des Buches »Abriß des Jauner und Bettelwesens in Schwaben nach Akten und andern sichern Quellen«, vermutlich der Ludwigsburger Waisenhauspfarrer Johann Ulrich Schöll, der sich durch den Umgang mit vielen inhaftierten Jaunern im Ludwigsburger Zuchthaus eine intime Kenntnis des Jauner-, Bettel- und Vagantenwesens im Schwäbischen Kreis angeeignet hat, erkennt in dem Vorwort zu seinem Buch, das im Jahr 1793 bei Erhard und Löflund in Stuttgart veröffentlicht wurde:

»Jeder Staat, selbst den von der besten Einrichtung nicht ausgenommen, hat unter seinen Mitgliedern auch solche Auswürflinge, welche ihren Unterhalt und die Bedürfnisse, die sie selber erwerben könnten, bei Faulheit und Müßiggang andern entweder als Diebe oder als Bettler abnehmen: und so lang die Zahl dieser Leute gegen die arbeitsame und erwerbende Classe verhältnißmässig nicht zu groß ist, so lang sie ihr verderbliches Werk nur abgesondert und einzeln treiben, oder auch nur zuweilen sich damit abgeben, so sind sie immer noch ein gewöhnliches und wenig befremdendes Staatsübel. Aber wenn sie aus dem Betteln und Stehlen ein ordentliches Handwerk machen, wenn sie planmässig dabei verfahren, und die feinsten Kunstgriffe gebrauchen, wenn sie in einem kleinen Bezirk ein stehendes Heer von vielen tausenden formiren, wenn sie zu einer Gesellschaft vereinigt sind, und mit zusammengesezten Kräften zur Erreichung ihres Zweks arbeiten, wenn sie unter den täuschendsten Gestalten vor den Augen des Publikums sich versteken, und den sichern Bürger da berauben, wo er's am wenigsten befürchtet, wenn sie nicht blos von ungefehr und aus Veranlassung eines widrigen Umstands auf einige Zeit sich zusammengerottet haben, nicht erst seit kurzem, sondern schon Jahrhunderte lang vorhanden sind, und durch noch so viele angewandte Mittel nicht haben unterdrükt und vertilgt werden können, so ist dies eine von den selteneren Erscheinungen – und zu gleicher Zeit eine von denen, die ihrer Wichtigkeit wegen die größte Aufmerksamkeit verdienen ...

Dieß ist der Fall mit Schwaben, so wie mit allen denen Ländern, von welchen es eingeschlossen ist. Landstreicher, Diebe, Bettler und Zigeuner halten sich hier in ausserordentlicher Menge seit einer langen Reihe von Jahren auf, schwärmen, durch gesellschaftliche Bande zusammengeknüpft, unter hunderterley Masken umher, und besteuren das Publikum aufs unbarmherzigste. Unglaubliche Summen werden von ihnen erhoben, viele einzelne Personen, viele Familien zu Grunde gerichtet und physische und moralische Übel verbreitet, über die man erstaunt, wenn man davon recht unterrichtet ist, und ein vollständiges Bild davon vor sich sieht.«

Wie aber kam der Bauer oder der einfache Soldat in jener Zeit dazu, zum Verbrecher, zum Wilddieb, zum von der Staatsgewalt Gehetzten zu werden? Wie läßt sich der fließende Übergang vom bösartigen Schurken zum insgeheim bewunderten Helden wider die absolutistisch auftretende Staatsmacht erklären?

Getragen wurde das gewerbsmäßige Gauner- und Bandentum im wesentlichen von dem in jener Zeit so zahlreich auftretenden fahrenden Volk: von Schaustellern, Vaganten und aus dem Dienst geflohenen oder entlassenen Soldaten. Gerade die seit der Reformation fast permanent irgendwo in Europa geführten Kriege hinterließen nach ihrer jeweiligen Beendigung immer ein Heer von Soldaten, die sich, mittel- und heimatlos, als umhervagabundierende Bettler dem fahrenden Volk anschlossen. Die Märkte in den Städten im süddeutschen Raum boten den Vaganten ein reiches Feld für Bettelei, für Diebereien und illegalen Gelderwerb, sie ermöglichten ihnen oftmals schlicht das Überleben. Dabei wurde das Gaunertum im Lauf der Zeit immer gefährlicher – das Betteln bildete oft nur den Anfang einer »kriminellen Karriere«, die in Raub, Mord und Brandstiftung mündete. Immer mehr in ihrer Arbeitsweise rationalisiert, in immer größeren Banden organisiert und intern spezialisiert, wirkten die großen und für ihre Gefährlichkeit bekannt gewordenen Banden hauptsächlich in Süddeutschland: Hier bot die Landschaft mit zerklüfteten Bergen und viel Wald reichhaltigen und sicheren Unterschlupf, ganz im Gegensatz zu den offeneren Gebieten Norddeutschlands. Der Schwarzwald, die Schwäbische Alb und der Welzheimer Wald wurden zu bekannten Gauner-Sammelplätzen, so daß der »Schwäbische Kreis« im Lauf der Zeit in der Gaunersprache sogar den Namen »Ganfer Medine«, das heißt »das Spitzbubenland«, erhielt.

Hinzu kam, daß in dieser Region Deutschlands die Zerstückelung in eine Vielzahl von weltlichen und geistlichen Herrschaften besonders ausgeprägt war: Der »Schwäbische Kreis« umfaßte zeitweise das Gebiet von neunundzwanzig Landesherren, zwanzig reichsunmittelbaren Prälaten und einunddreißig Reichsstädten. Dazu kamen noch die österreichischen Herrschaften und die der freien Reichsritterschaft in Schwaben – den Gaunern und Räubern bot dies die Möglichkeit, nach der Verübung ihrer Taten innerhalb kürzester Zeit auf »fremdes« Hoheitsgebiet zu fliehen und sich so der weiteren Verfolgung zu entziehen.

Weiterhin wirkte sich verhängnisvoll aus, daß Schwaben zwei Mal im Jahr vom sogenannten »Wiener Schub« überzogen wurde: Im Sommer und im Herbst wurden die in Österreich gefaßten, aus den Reichslanden eingedrungenen Landstreicher unter militärischer Bewachung bis zur bayrischen Grenze verschubt, wo sie von der bayrischen Obrigkeit in Empfang genommen und direkt weiter bis an die Grenze nach Schwaben verbracht wurden. Hier wurden sie zwar auch gebührend in Empfang genommen, aufgrund der vielfältigen Obrigkeitsverhältnisse in Schwaben war aber die regelmäßige Überwachung oder gar Weiterverbringung des Fahrenden Volkes nicht mehr möglich – ein Großteil der Vaganten entkam und nahm sein umherziehendes Tun aufs Neue auf.

Wie stark das Land von Diebs- und Räuberbanden überzogen wurde, zeigt sich schon daran, daß in der Zeit von 1722 bis 1804

Die

Räuber.

Ein Schauspiel.

Frankfurt und Leipzig.

1781.

Titelblatt der Erstausgabe von Friedrich Schillers Schauspiel »Die Räuber«, veröffentlicht in Frankfurt/Leipzig 1781.

zwischen Neckar und Bodensee bei der damals noch wenig organisierten Strafverfolgung in Südwestdeutschland immerhin 77 amtliche Untersuchungen gegen Diebesbanden durchgeführt wurden. Die Gruppe der umherziehenden Vaganten, des Bettler-, Diebs- und »Jauner«gesindels machte nach damaligen Erhebungen mindestens ein Zehntel der Gesamtbevölkerung aus. Betteln und Hausieren waren die Haupteinnahmequellen dieser Umherziehenden. Vielen dienten diese Erwerbsquellen aber nur noch dazu, ihre wahren Einnahmequellen zu verschleiern: den Diebstahl und den Raub.

Nicht alle Räubergestalten sind freilich so bekannt geworden wie der »Schinderhannes«, der in seinem Wirkungsbereich zwischen Idar-Oberstein und Mainz und weit darüber hinaus als »König des Soonwaldes« zur berühmtesten, gefürchtetsten und am meisten in der deutschen Literatur besungenen Verbrechergestalt wurde.

Aber gerade in Schwaben wirkten im 18. und 19. Jahrhundert einige besonders frech auftretende und markante Gestalten der Räuberzunft: der Zigeuner Jakob Reinhard, genannt »Hannikel«, mit seiner Bande beispielsweise. Er richtete sich in seinen Taten nicht mehr nur gegen potentionell gefährdete Raubopfer, also gegen Wohlhabende und Besitzende, sondern hielt die ganze Bevölkerung in Atem. Laut polternd fiel Hannikel mit seiner Bande über die Opfer her, und er scheute sich auch nicht davor, als französisches Militärkommando verkleidet aufzutreten und so einen Schein der Seriosität zu verbreiten, in dessen Schutz er und seine Gefährten ungestört ihre Raubtaten vorbereiten und ausführen konnten. Zwanzig Jahre lang hielt Hannikel mit seinen Untaten ganz Württemberg in Atem, bis er in der Schweiz gefaßt und nach der durch Oberamtmann Georg Jacob Schäffer von Sulz geführten Untersuchung im Jahr 1787 hingerichtet wurde.

Bis heute als Räubergestalt bekannt und umwoben mit allerlei Legenden ist das legendäre »Sonnenwirtle«, Friedrich Schwahn, der in Schwaben ebenfalls jahrelang Angst und Schrecken verbreitete und im Jahr 1760 hingerichtet wurde. Ihm blieb der Ruf des Wilddiebes, Räubers und gleichzeitig Freundes der Armen anhaften. Ein überaus eitler Kerl mit allen Anzeichen der Großmannssucht soll das »Sonnenwirtle« gewesen sein, dabei in seinen Aktionen heftig und gewalttätig, zuweilen aber auch edelmütig und großzügig gegenüber den Armen. Immer wieder verstand es das »Sonnenwirtle« auch, sich aus der Gefangenschaft zu befreien – dies trug ihm den Ruf der Zauberei ein und ließ ihn als Magier erscheinen. Seine scheinbar grenzenlose Anziehungskraft auf Frauen rundete diesen Ruf seiner Allmacht ab. Literarisch auf den Sockel gehoben wurde er schließlich von Friedrich Schiller in der Novelle »Verbrecher aus verlorener Ehre« im Jahr 1792. Der Schriftsteller Hermann Kurz widmete Friedrich Schwahn schließlich im Jahr 1854 die Erzählung »Der Sonnenwirt, schwäbische Volksgeschichte aus dem vorigen Jahrhundert«.

Noch zwei Räubergestalten aus der Vielfalt der die schwäbischen Lande überziehenden Banden will ich in diesem einleitenden Kapitel vorstellen, um einen Eindruck von der Vielfalt der vagierenden Räuber im 18. Jahrhundert zu geben und zu zeigen, daß ebenso Frauen auch nach Kräften am Räuberunwesen in Schwaben mitwirkten: die »schwäbische Sackgreiferin« Elisabetha Frommerin, die unter dem Decknamen »Alte Lisel« bekannt wurde, und den »Schwarzen Veri« von Oberschwaben. Die Alte Lisel war eine Diebin, Bettlerin und Landfahrerin. 500 Seiten Verhörprotokolle umfaßt ihre Gerichtsakte – ihre Bande war eine Clique, in der den Frauen die Hauptrolle zufiel: Sie hatten die Sippe zu versorgen, und dank ihrer Fingerfertigkeit und kriminellen Routine bei den Diebereien gelang es ihnen auch, das Nötigste zum Leben auf Märkten und Messen, vor Kirchen und Gasthäusern zusammenzustehlen, während die Männer das zusammengeklaute Geld in den Wirtschaften versoffen oder in Bordellen verhurten. Im Zürcher Diebsverzeichnis von 1728 wird die »Sackgreiferin« wie folgt beschrieben: »Lisel N., aus dem Schwabenland, in 40 Jahren, kurtz und gemeiner Taille, rund

und bleiches Angesicht, schwartz Haubt-Haar, streicht den märckten nach, kommt Schwänisch gekleidet, und hat zwey Kinder.« In der Nacht vom 27. auf den 28. Januar des Jahres 1732 wurde sie mit den meisten Mitgliedern ihrer Landfahrergruppe im Gahlinger Hof des Bauern Sebastian Bernhardt verhaftet und zum Gerichtsprozeß nach Salem am Bodensee überstellt. Nie hat die Alte Lisel einen Mord begangen, immer bloß Raube und Diebereien, dies dafür in großem Stil. Das Gerichtsurteil lautete trotzdem auf Hinrichtung. Am 17. August 1732 wurde sie am Galgen in Salem am Bodensee gehenkt.

Der Schwarze Veri war eigentlich ein kleiner Fisch im Vergleich zu anderen Räubergrößen. Seine Bande konzentrierte sich bei ihren Räubereien in Oberschwaben im wesentlichen darauf, das Nötige für den täglichen Lebensunterhalt zusammenzubekommen. Daß die Bande des Schwarzen Veri in den Jahren 1818/19 so gefürchtet war, ist nicht in erster Linie auf ihre Brutalität zurückzuführen, sondern hat mit der Häufigkeit der Überfälle durch die Bande zu tun – praktisch jeder im Einzugsbereich des Schwarzen Veri mußte damit rechnen, Opfer dieser Bande zu werden. Das Ausmaß der staatlichen Verfolgung, die gegen den Schwarzen Veri in Gang gesetzt wurde, dürfte dessen krimineller Bedeutung kaum angemessen gewesen sein, wirkte dafür aber bei den von Untaten Betroffenen um so stärker. Schließlich dürfte das schreckliche Ende des Schwarzen Veri im Biberacher Zuchthaus dazu beigetragen haben, daß seine Bande bis heute in Oberschwaben ein Begriff geblieben ist: Er wurde während der Haft im Gefängnis vom Blitz erschlagen.

Zahllose Räuber- und Wilddiebsbanden trieben so im Gebiet zwischen Neckar und Bodensee ihr Unwesen. Sie waren sehr mannigfaltig organisiert: Es gab seßhafte Räuber und umherziehende, es gab Einzeltäter, die sich hin und wieder Banden anschlossen, und es gab gut und straff geführte Haufen. Meist wurden neu zu den Banden hinzukommende Gestalten nicht formell als Mitglieder aufgenommen – man wußte einfach von-

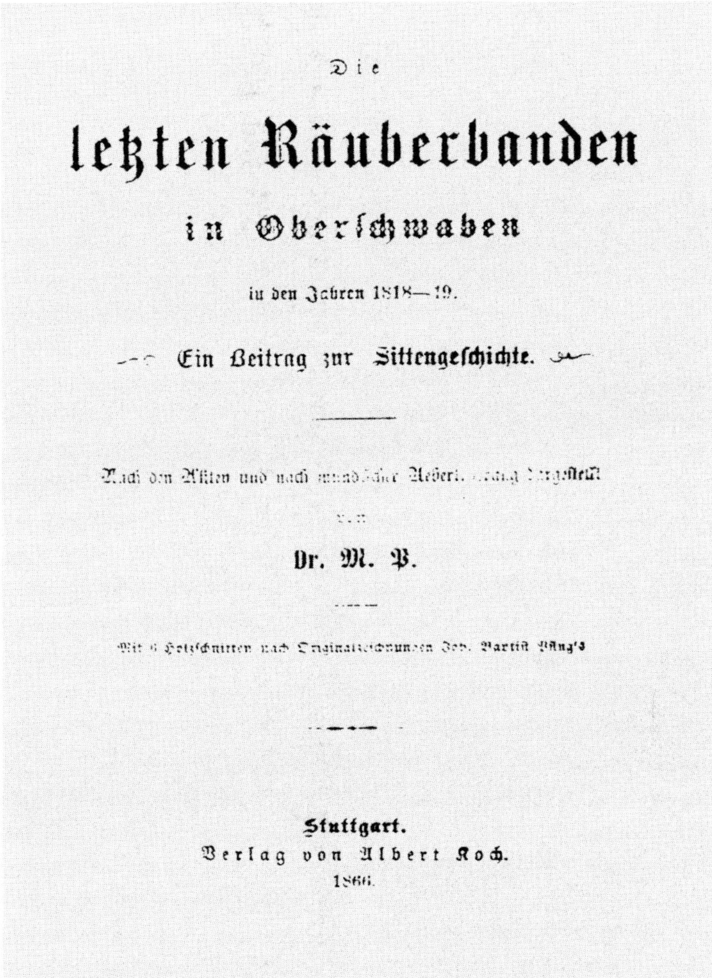
Die

letzten Räuberbanden

in Oberschwaben

in den Jahren 1818—19.

Ein Beitrag zur Sittengeschichte.

Nach den Akten und nach mündlicher Ueberlieferung dargestellt

von

Dr. M. P.

Mit 6 Holzschnitten nach Originalzeichnungen Joh. Baptist Pflug's

Stuttgart.
Verlag von Albert Koch.
1866.

1866 veröffentlichte der Rektor der Biberacher Latein- und Realschule, Dr. Max Planck, das Buch »Die letzten Räuberbanden in Oberschwaben«. Bei seiner Darstellung stützte er sich stark auf Gespräche mit dem Maler Johann Baptist Pflug, der die Räuberbande des »Schwarzen Veri« im Biberacher Gefängnis porträtiert und befragt hatte.

einander, wer für welche Unternehmungen geeignet war: der Kundschafter, der brutale Raubtäter, der Beherberger nach der Tat, der Hehler für die erlangte Ware. Niemals wurde die gesamte Bande auf einmal tätig – unter wechselnder Führung kamen bald diese, bald jene zum Einsatz, so daß bei einer Gefangennahme auch nie alle gleichzeitig von der Bildfläche verschwanden. Welche Schwierigkeiten dies für die ermittelnden Polizei- und Militärinstanzen nach sich zog, zeigen die sich oft monatelang hinziehenden Raubzüge der Banden kreuz und quer durch das Land, ohne daß die staatlichen Verfolger auch nur einen der Täter gefangen hätten.

Wie sah ein Raubunternehmen jener Zeit aus? Gustav Radbruch beschreibt es uns in seiner »Geschichte des Verbrechens«: »Ein Anbringer oder Baldower hat einen der Hauptträuber auf die Raubgelegenheit hingewiesen. Dieser hat in harmloser Rolle, etwa als Hausierer, mit eigenen Augen die Örtlichkeit ausgekundschaftet. Er hat dann seinen Stoßtrupp zusammengestellt, vielleicht zwanzig bis dreißig Mann. Nun reiten oder fahren die Hauptträuber, marschieren auf verschiedenen Wegen die anderen Beteiligten zum Tatort, indem sie durch Gaunerzinken, d. h. Geheimschrift, an den Hauswänden oder Wegweisern den nachfolgenden Gruppen Zeichen ihres Anmarsches geben. Irgendwo wird ein langer Balken, ein Wegweiser, vielleicht sogar ein Kreuz mitgenommen: er soll als Rennbaum dazu dienen, Tore und Türen einzurennen. Treffpunkt vor dem Ort. Man schwärzt oder verlarvt die Gesichter, prüft die Gewehre, verteilt Kerzen. Dann marschiert man in das Dorf ein, lärmend und singend ... Im Vorübergehen wird das Schlüsselloch der Kirche verkeilt, um das Sturmläuten zu verhindern ... Posten werden ausgestellt ... Und nun wird mit der Wucht des Rennbaums die Haustür gesprengt. Der Anführer dringt als erster ein, hinter ihm seine Leute. Zunächst sucht man nach den Hausbewohnern, fesselt sie, legt sie mit dem Gesicht nach unten auf den Boden oder legt ihnen ein Bettkissen auf die Augen, damit sie niemanden erkennen. Man

Eine Bettlerfamilie. Etwa zehn Prozent der Bevölkerung lebten als Vaganten von Bettelei, Diebstahl und Raub.

fragt sie, wo sie ihre Geldrollen und Wertsachen verwahren. Erscheint die Antwort nicht genügend, so hilft man mit Drohungen und Mißhandlungen nach. Man wendet die Foltermittel an, deren man sich aus der Zeit der gerichtlichen peinlichen Frage noch erinnert ...«

Wie es große Räubergestalten gab, die lange Zeit den staatlichen Verfolgungsorganen Schnippchen schlugen und sie an der Nase herumführten, bis sie irgendwann doch gefaßt und bestraft wurden, so gab es auch besonders beharrliche Verfolger. Zwei Männer haben sich um die Bekämpfung des Gaunertums und des Räuberunwesens jener Zeit in Schwaben besonders verdient gemacht: Zuerst der Oberamtmann Georg Jacob Schäffer von Sulz am Neckar, und dann der Malefizgraf Schenk von Castell. Schäffer war einer der ersten Kriminalisten in der Kriminalgeschichte, dem bewußt wurde, wie wichtig es ist, genaue Kenntnis der soziologischen Struktur der kriminellen Personen und Banden zu besitzen, um dem Verbrechertum wirksam begegnen zu können. In seinen Augen war es notwendig, die politischen und sozialen Schäden der Zeit zu beseitigen, um die Ursachen der Kriminalität bekämpfen zu können. So sammelte Schäffer die verschiedenen Gaunerlisten, die in jener Zeit veröffentlicht wurden, und wertete sie akribisch aus. Viele gerichtliche Untersuchungen gaben ihm Gelegenheit, die Lebensgeschichte der Verbrecher zurückzuverfolgen. Mehr und mehr reifte in ihm die Erkenntnis, daß die Verbrechensbekämpfung in erster Linie eine soziale und Erziehungsaufgabe ist. So wurde er zu einem der ersten Kriminalisten, der sich für die Verbesserung der sozialen Umstände einsetzte, der für die Kinder Verurteilter und für die Wiedereingliederung abgestrafter Gauner in die menschliche Gesellschaft kämpfte.

Graf Schenk von Castell hingegen trieb den Gaunerfang wie einen Sport. Er hatte kaum idealistische Gründe für seine Tätigkeit, sondern eher die Hoffnung, seine persönliche Situation und seine miserablen finanziellen Verhältnisse sanieren zu können, weshalb er mit den damaligen Herrschaften Verträge zum Fang von Gaunern und Verbrechern abschloß. Dennoch brachte er es zu so viel Spezialwissen, daß sich noch lange nach der Aufhebung seines offiziellen Kriminalmandats zahlreiche Behörden mit Bitten um Rat an den Grafen wandten.

Das flächendeckende Gauner- und Verbrechertum in Süddeutschland wurde schließlich aber nicht nur durch die Erfolge der staatlichen Verfolger überwunden, sondern durch geschichtliche Ereignisse. Die Kleinstaaterei auf deutschem Boden verschwand mit dem Aufleuchten der Idee des Nationalstaats, und dadurch wurde den Gaunern die Fluchtmögichkeit über die nur wenige Schritte entfernte, nächste Grenze genommen. Mehr und mehr wurden die gemütlichen und verschlafenen Nachtwächter der schwäbische Städte durch engagierte Gendarmen nach französischem Vorbild ersetzt. Durch die bessere Bewachung der Landstraßen und durch den organisierten polizeilichen Streifendienst gelang es der erstarkenden Staatsgewalt, auch die Herrschaft über das flache Land ferne der Residenz zu gewinnen. Die Staatsmacht entzog dem Armen- und Bettlerwesen immer mehr die Grundlagen und trocknete so nach und nach den Nährboden für Diebs- und Räuberbanden aus. Als Erscheinung der Zeit mußten das fahrende Volk und mit ihm die großen Räubergestalten von der Bildfläche verschwinden; viele haben ihr vogelfreies Leben allerdings mit dem Tod bezahlt.

Georg Jacob Schäffer: Erfolgreichster Räuberfänger seiner Zeit

Gerade zu der Zeit, als das Räuber- und Vagantentum im Schwäbischen Kreis seinem Höhepunkt zustrebte und zahllose umherziehende Banden die Sicherheit im süddeutschen Raum sehr beeinträchtigten, starb in Sulz am Neckar der bisherige Oberamtmann und Schloßverwalter von Marschalkenzimmern, Johann Friedrich Müller. Er hatte sich während der Zeit seiner Amtsführung hevorragende Verdienste um die Verbesserung von Landwirtschaft und Viehzucht, sowie um die öffentliche Sicherheit des Schwarzwaldes erworben und hinterließ, wie in Köhlers »Beschreibung von Sulz« ausgesagt ist, »das schönste Zeugnis eines thätigen und redlichen Beamten: ein geringes Vermögen«. Die Sorge, die Zukunft der Seinen rechtzeitig sicherzustellen, veranlaßte Müller nur ein Jahr vor seinem Tod, an die herzogliche Regierung die Bitte zu richten, »bei seinem herannahenden Alter und kränklichen Umständen ihm seinen zukünftigen Tochtermann, den Rechnungsprobator Schäffer daselbst, noch bei seinen Lebzeiten zum wirklichen Stabs- und Rechnungsmitbeamten und nach seinem Ableben zum Amtsnachfolger gnädigst zu ernennen« (aus: Köhlers Beschreibungen von Sulz).

Georg Jacob Schäffer wurde am 28. Juni 1745 in Ottenhausen bei Neuenbürg geboren, wo sein Vater, Christian Hieronymus

Schäffer, gebürtig von Zaisersweiher bei Maulbronn, seit 1735 Pfarrer war. Schäffer hatte die »Schreiberei« erlernt. Er hörte Vorlesungen in Tübingen und schildert selbst in seiner schriftlichen Bewerbung um die Stelle des Oberamtmanns in Sulz seinen weiteren Lebensgang: »Ich habe bereits vierunddreißig Jahre, somithin die Hälfte meines Lebens zurückgelegt, zwanzig davon in Stadtschreibereien, Stabs- und verrechnenden Beamtungen zugebracht; ich bin bereits fünf Jahre mit meiner gegenwärtigen Braut versprochen und demnach die Sehnsucht um so größer, endlich auch einmal versorgt zu werden.«

Das »Geheime Ratskollegium«, das über die Beamtung zu entscheiden hatte, zeigte sich in seinem Gutachten an den Herzog nicht abgeneigt, dem Oberamtmann Müller »als einem der ältesten herzoglichen Beamten, welcher während seiner siebenunddreißigjährigen Dienstzeit sein Amt mit vielem Fleiß und Eifer versehen und eine große Familie, im übrigen aber wegen der Oberamtei Sulz nur eine geringe Besoldung zu beziehen habe«, seinen Schwiegersohn zum Amtsgenossen und späteren Nachfolger im Amt zu bestellen. Zwar sei Schäffer der herzoglichen Regierung nicht besonders bekannt, aber von der Rentkammer wegen seiner Tüchtigkeit als auch wegen »guter Aufführung« gelobt worden. Weil Schäffer aber zugleich für eine Stabsbeamtung »aspiriere«, hätte er nach dem herzoglichen Generalreskript vom 3. November 1732 zuvor das Examen bei der Regierung zu bestehen, zumal Schäffer bisher immer »nur ein Rechnungsverständiger und kein Litteratus« gewesen sei, und weil die Oberamtei Sulz als Grenzbeamtung mit vielen »Exteris und Litteratis« zu verkehren habe.

Schäffer bestand schon am 1. Februar 1780 das herzogliche Regierungsratsexamen mit gutem Erfolg. Das ihm vom Geheimen Rat und Examinator J. F. Faber ausgestellte Zeugnis besagt, daß er die ihm aus dem herzoglichen Landrecht und den übrigen herzoglichen Ordnungen vorgelegten Fragen so zu beantworten wußte, daß man daraus ersehen konnte, daß er seine Zeit bisher wohl angewendet und es daher nicht zu bezweifeln sei, daß er bei seinen ohnehin schon reiferen Jahren einer ihm »gnädigst anzuvertrauenden Stabsbeamtung zu gnädigster Herrschaft und des Publii Nutzen wohl vorzustehen im Stande sein werde«.

Schäffer erfüllte die an ihn gerichteten Erwartungen glänzend und bewies, wie wenig die Bedenken begründet waren, die sich am grünen Tisch gegen die Ernennung eines Rechnungsprobators zum herzoglich württembergischen Oberamtmann erhoben hatten. Schon nach wenigen Jahren amtlichen Wirkens war der Oberamtmann Schäffer von Sulz nicht bloß in der herzoglichen Regierungs- und Geheimratskanzlei, sondern im ganzen Herzogtum und weit über dessen Grenzen hinaus ein sehr bekannter Mann geworden. Sein Name wurde nicht nur vom gemeinen Volk, sondern auch bei den »Litteratis« mit gewaltigem Respekt genannt.

Anknüpfend an die verdienstvolle Tätigkeit seines Schwiegervaters und Amtsvorgängers hatte Schäffer auf dem Gebiet der öffentlichen Sicherheit bald das Arbeitsfeld gefunden, welches ihm Gelegenheit gab, seine Berufung zum Polizeimann und Kriminalisten in hervorragendster Weise zu entwickeln. Er verschaffte sich im öffentlichen Leben eine solche sittliche Macht, daß sich das überhandnehmende Verbrechertum jener Tage daran brechen sollte. Schäffer hatte in kurzer Zeit als Kriminalist mehr gelernt, als sich theoretisch aus dem herzoglichen Landrecht und den übrigen herzoglichen Ordnungen aneignen ließ. Sein waches Auge blickte weit über die alten Gesetze hinaus, über die damals geltende Kriminalordnung »Constitutiones Criminales Caroli V.«, mit der die Justiz so kläglich Bankrott gemacht hatte. Er witterte die Morgenluft des neuen Jahrhunderts, in dem die allgemeinen Menschenrechte proklamiert werden sollten und in dem die Theorien von dem Rechtsgrund, von den Zwecken und dem Maß der staatlichen Strafe erörtert werden würden.

Schäffer hatte bereits nach kurzer Zeit der Amtstätigkeit die Überzeugung gewonnen: Wer das Verbrechen bekämpfen will,

Überfall durch Straßenräuber im 17. Jahrhundert. Hinter dem Baum lauert schon der Tod …

Räubertypen aus dem ersten Jahrzehnt des 19. Jahrhunderts, wie sie in amtlichen Diebslisten veröffentlicht wurden.

muß das Verbrechertum kennen. Sein Blick war keineswegs an der äußeren Erscheinung des Verbrechens haften geblieben. Er drang in das Wesen des Gaunertums ein und verstand daher, die vereinzelt auftauchenden Gruppen mit den politischen und sozialen Mißständen der damaligen Zeit in Verbindung zu bringen und so das Gaunerwesen insgesamt zu begreifen. Keiner kannte die damalige Verbrechergesellschaft so genau wie der Sulzer Oberamtmann. Indem er sogenannte Gaunerlisten anlegte und sammelte, erwarb er eine breite Personenkenntnis. Und er kannte seine Widersacher nicht nur dem Namen nach, sondern war auch vertraut mit ihrem Charakter, mit ihren Beziehungen zu anderen Tatgenossen und mit der Art und dem Umfang ihrer verbrecherischen Tätigkeit. Dieses Wissen machte Schäffer seinen Gegnern überlegen und gab ihm die richtigen Waffen in die Hand, sie wirksam zu bekämpfen. Seine Hatschiere und Kundschafter, welche er nicht selten aus begnadigten Jaunern auswählte, durchstreiften zur Tag- und Nachtzeit das Land. Sie spürten die Jauner in ihren geheimsten Schlupfwinkeln auf, und bald wurden die festen Gefängnistürme von Sulz von Vertretern aller Kategorien des Gaunertums, von Männern, Frauen und Kindern bevölkert.

Bereits im Jahr 1782 machte Schäffer einen besonders guten Fang. In sicherem Gewahrsam wartete die gefährliche Diebs- und Räuberbande des Viktor Wilhelm auf die Untersuchung und Aburteilung. Diese Bande hatte hauptsächlich in der Schweiz und in der Bodenseegegend ihr Unwesen getrieben. Wilhelm, genannt der »Schweizer Viktor«, war in Sankt Gallen geboren worden. Seine Mutter, Magdalene Müller, ebenfalls eine Schweizerin, war mit Sebastian Wilhelm verheiratet, welcher sie jedoch bald nach der Geburt des Kindes verließ, um mit einer Tirolerin als Quacksalber herumzuvagieren. Er soll in Neuhausen auf den Fildern begraben, nach anderen Berichten irgendwo in Deutschland hingerichtet worden sein. Von der Mutter erhielt Viktor nach seiner eigenen Erzählung eine gute und christliche Erziehung, denn sie hatte die Absicht, den Knaben in einem Kloster unterzubringen, zumal der Fürstabt von Maria-Einsiedeln, Benedikt Maria von Müller, ihr leiblicher Bruder war. Aber der Sohn trat in die Fußstapfen des Vaters. Er lebte schon vom sechzehnten Jahr an auf der Straße, wurde mit 20 Jahren wegen gemeinschaftlich verübter gewalttätiger Einbrüche nach überstandener Folter an den Pranger gestellt, gebrandmarkt und mit der Rute scharf ausgepeitscht. Nur die Fürsprache seines fürstäbtlichen Onkels rettete ihn vor dem Galgen. 24 Jahre alt, wurde der Schweizer Viktor zum Dienst auf der Galeere verurteilt. Nachdem er fünf Jahre im französischen Brest als Galeerensträfling zugebracht hatte, gelang es ihm, ans Ufer zu schwimmen und zu entkommen. Aber auch diese Strafe, welche nach seinen eigenen Angaben härter war als die Todesstrafe jemals sein konnte, vermochte ihn nicht zu bessern oder gar vor weiteren Taten abzuschrecken. Kaum in die Heimat zurückgekehrt, begann der Schweizer Viktor an der Spitze einer Bande verwegener denn je sein verbrecherisches Unwesen zu treiben, bis er – 28 Jahre alt – in die Hände des Oberamtmannes von Sulz fiel, die ihn nicht mehr freigaben.

Keiner so vornehmen Verwandtschaft wie Viktor konnte sich sein Genosse, der »Erzjauner« Peter Vettor, genannt Schinder-Peterle, rühmen, dessen Vater wie sein im Zuchthaus in Ludwigsburg im vierundachtzigsten Lebensjahr verstorbener Großvater Regimentshenker gewesen war. Auf dem Schafhof in Lützenhardt, wo der Schinder-Peterle mit dem Konstanzer Hanß im Haus eines Anwalts herumluderten und gestohlenes Gut verpraßten, wurde er durch eine ausgeschickte Streifenpatrouille – sich mit der Mariann des Schinder-Franz unter einem Strohsack verbergend – ausgehoben und nach Sulz gebracht.

Für ein anderes Mitglied dieser achtköpfigen Verbrecherbande um den Schinder-Peterle jedoch zeigte Schäffer von Sulz ein nachhaltiges Interesse: für Johann Baptist Herrenberger, den »Konstanzer Hanß«.

Der »Konstanzer Hanß«: Berüchtigter Räuber und Verfasser eines Sprachführers

Von verschiedenen vornehmen und gemeinen Leuten ist die Forderung an mich gemacht worden: Die Jauner- oder Jenische Sprache bekannt zu machen, sowohl in der Schweiz bei meinem letzten Aufenthalt daselbst, als auch in unserem Württemberg.«

Diese »Vorrede« findet sich in einem schmalen Bändchen, das in Sulz am Neckar im Jahr 1791 »zum Druck befördert« wurde – ein Sprachführer aus der Hand des damals berüchtigten schwäbischen Räubers Konstanzer Hanß, der mit bürgerlichem Namen Johann Baptist Herrenberger hieß und in Räuberkreisen nach der Herkunft seines Vaters »Konstanzer Hanß« (mundartlich oft auch »Kostanzer Hanß«) genannt wurde – also wie viele damals aktive Räuber nicht mit seinem eigentlichen, sondern mit dem ihm im Milieu gegebenen Namen gerufen wurde.

Noch im Jahr 1909 gibt der Forscher Ernst Arnold seinem Erstaunen Ausdruck, als er auf diese Einführung in die Jenische Sprache stößt. In der literarischen Beilage des Staatsanzeigers für Württemberg (Nr.19) des Jahres 1919 schreibt er über seinen Fund: »Unter die absonderlichsten von allen jemals geschriebenen und gedruckten Büchern darf man wohl auch jenes Heftchen rechnen, das sich im verflossenen Sommer zu Stuttgart in der Abteilung ›Neuere Philologie‹ vorfand«.

Wie es dazu kam, daß eine der berüchtigtsten Räubergestalten des ausgehenden 18. Jahrhunderts einen Sprachführer für die Sprache des fahrenden Volks verfaßte, mit dessen Hilfe staatliche Ermittler und im besonderen Georg Jacob Schäffer, der Oberamtmann von Sulz am Neckar, in die Lage gesetzt wurden, ins damalige Räuber-, Gauner- und Vagantenmilieu einzudringen, soll im folgenden nachgezeichnet werden.

»Der Jauner, ... dessen Namen fast ganz Schwaben und die angränzende Schweiz kennt, hat hier allgemeines Aufsehen erregt«, schreibt der Verfasser des Romans »Konstanzer Hanß – eine Schwäbische Jaunersgeschichte aus zuverläßigen Quellen geschöpft und pragmatisch bearbeitet«. »Eine Menge Nachrichten sind von ihm unter höhern und niederen Ständen verbreitet ... Er hat einen wichtigen Einfluß auf die Jaunerey in jenen Ländern gehabt, und manche für öffentliche Sicherheit vortheilhafte Revolutionen daselbst hervorgebracht. Seine Geschichte enthält manche, zwar nicht auffallend hervorstechende, aber doch immer interessante und lehrreiche Auftritte ..., verbreitet Licht über die schwäbische Jaunerei ...«

Daß der Verfasser der Jaunergeschichte über den Konstanzer Hanß sich an wahre Fakten hielt und nicht mangelndes Wissen mit Erfindungsreichtum ausglich, bekräftigt er: »Die Quellen, aus denen ich geschöpft, sind nicht nur Akten, welche ihrer Natur nach oft über die wesentlichen Punkte keine Auskunft geben und geben können, sondern außer diesen auch mündliche Nachrichten, welche ich von dem Jauner selber eingezogen habe. Da er ein Mann von hellem Kopf und außerordentlichem Gedächtnis ist: so konnte er mir solche mit einer Genauigkeit und Ausführlichkeit geben, die selten bey Leuten seiner Art zu erwarten ist, und die mich oft in Erstaunen sezte. Für die Zuverlässigkeit und Glaubwürdigkeit seiner Angaben, so weit sie nicht in den Akten enthalten sind, ist die umständlich erwiesene Richtigkeit alles dessen, was er bey seinem lezten weitläufigen Verhör angegeben, und dann sein bißheriges gerades Betragen hinlänglich Bürge.«

Dieser Konstanzer Hanß, wie er genannt wurde, Johann Baptist Herrenberger mit richtigem Namen, darf als schwäbische Räubergestalt ohne Übertreibung in einem Atemzug mit dem »Sonnenwirtle« Friedrich Schwahn und mit »Hannikel«, Jakob Reinhard, genannt werden. Herrenberger wurde im August 1759 in Oppenau als Sohn eines Schusters geboren. Aus der Sicht unserer Tage darf er aber auch durchaus als »Räuber mit Prinzipien« bezeichnet werden: Der Konstanzer Hanß hat sich, so die Nachforschungen seines »Räuberfängers« Oberamtmann Georg Jacob Schäffer von Sulz, ganz im Gegensatz zu anderen Gaunern seiner Zeit, nie eines Mordes schuldig gemacht. Gewalt schloß er, wenn möglich, bei seinen Aktionen aus, und er suchte seine Opfer vornehmlich unter der wohlhabenden bürgerlichen Oberschicht, vor allem unter Pfarrern. Während seine Berufskollegen es gerade auf Bauern und Landjuden abgesehen hatten, machte der Konstanzer Hanß um diese einen Bogen, was zur Folge hatte, daß er in den Kreisen der Bauern recht angesehen war und bei ihnen auch manchen Schutz vor Verfolgung und geheimen Unterschlupf genoß.

Der Konstanzer Hanß begann seine Räuber- und Diebskarriere auch nicht mit einem kriminellen Paukenschlag, ganz im Gegenteil: Er rutschte Stück für Stück in die entsprechenden Kreise und wurde von einem Umfeld aufgesogen, das den Nährboden für seine kriminelle Tätigkeit bildete. In späteren Zuchthaus- und Gefangenenjahren fand er dann jenen Biographen, der seine Lebensgeschichte aufzeichnete und veröffentlichte. Es wird angenommen, daß es sich dabei um Pfarrer Johann Ulrich Schöll handelt, der im Zuchthaus seinen geistlichen Dienst ausübte. Dieser Pfarrer Schöll, schließen wir uns der Meinung der Räuberforscher an, schreibt über seinen Schützling: »Hundertmal geschiehts, daß einer mehr durch eine ungünstige Lage und durch widrige Zustände als durch Neigung und Wahl ein Bösewicht wird. Dies war der Fall bei Hans. Nicht Liederlichkeit und Liebe zum Laster führten ihn unter die Diebsbande. Eine Reihe von unglücklichen Umständen vereinigte sich, ihn, der die trefflichsten Anlagen hatte, der in anderen Verhältnissen vielleicht der beste, brauchbarste Mensch geworden wäre, zum schädlichsten Mitglied der menschlichen Gesellschaft zu machen.«

Wie sehr dieser Konstanzer Hanß den damals aktivsten Kriminalisten im Auftrag des württembergischen Herzogs Karl Eugen, den Sulzer Oberamtmann Schäffer, in Atem hielt, zeigt ein Auszug aus dem Ermittlungsbericht Schäffers an den Herzog. In diesem berichtet der Oberamtmann über seine Arbeit: »Ich bemerke aber nur, daß ich 1. von in- und ausländischen Obrigkeiten nach und nach 30 480 Blatt Inquisitionsakten zusammenkommen lassen und meistens alles lesen mußte, um die Verhafteten von ihren Missetaten überzeugen zu können; 2. mußte ich mit 221 ausländischen Herrschaften und Obrigkeiten und mit verschiedenen nicht nur einmal, sondern zehn-, zwanzig- und dreißigmal kommunizieren und diesen allein an Protokollauszügen und Briefen 4 240 Blatt, im ganzen aber 8 702 Blatt nur abschreiben lassen, wozu ich alle Briefe nur bei Nacht konzipierte, aus welch allem erhellt – 3. daß diese äußerst beschwerliche Inquisition wohl in acht hätte eingeteilt werden können, wie denn allein eine Diebsliste von 1 131 Köpfen von den allergrößten Dieben aufgenommen wurde, deren Beschreibung eine lange Zeit erfordert …«

Auch wenn man berücksichtigt, daß Deutschland und zumal der süddeutsche Raum zur damaligen Zeit mit seiner schier unübersichtlichen Zahl an Herrschaften und staatlichen Hoheiten mit eigener Gesetz- und Gerichtsbarkeit ein zerrissenes Land war, mutet das, was Oberamtmann Schäffer seinem Herzog in Stuttgart berichtet, als strafgerichtliches Mammutverfahren an. Selbstverständlich arbeitete Schäffer auch die Herkunft und den persönlichen Werdegang des Konstanzer Hanß auf. Und der als Biograph angenommene Waisenhauspfarrer Schöll aus Ludwigsburg zeichnet dann in einer an Farbenpracht kaum zu überbietenden Biographie nach ausgiebigem Aktenstudium und Gesprächen mit dem Delinquenten das Leben des Konstanzer Hanß in

Kostanzer Hanß

eine

Schwäbische

Jauners-Geschichte

aus

zuverläßigen Quellen geschöpft

und pragmatisch bearbeitet

Stuttgart

bey Erhard und Löflund,

1789.

Titelblatt der Lebensgeschichte des Konstanzer Hanß. Wahrscheinlich hat der Waisenhauspfarrer Johann Ulrich Schöll das anonym erschienene Buch verfaßt.

allen Einzelheiten nach: Nie hat dieser Johann Baptist Herrenberger eine Schule besucht, und schon als Kind mußte er auf Bauernhöfen betteln gehen und so zum Familieneinkommen beitragen. Der Vater weigerte sich, ihn in eine Lehre zu geben, und der Junge beging erste kleinere Diebstähle.

Herrenberger lernte im Alter von 18 Jahren den in Gaunerkreisen schon bekannten »Schul-Toni« kennen, der ihn gleich gehörig ins Milieu einführte: Er gab ihm hundert Taler und seine Stieftochter als Beischläferin. Im Jahr 1777 begann dann die eigentliche Verbrecherkarriere des »Konstanzer Hanß«. Einer ersten Verurteilung konnte er nur entgehen, indem er sich als Soldat anwerben ließ. In Freiburg floh er aber aus Militärdiensten und zog sich in den Schwarzwald zurück, der zur damaligen Zeit ein beliebtes Rückzugsgebiet der schwäbischen Räuberbanden war. Hier konnten sie sich in den weiten Wäldern und unübersichtlichen Bergen und Tälern gut verstecken.

»Aber es dauerte kurze Zeit«, schreibt Johann Ulrich Schöll, »so wußte ihn ein Weib zu fesseln, das der Abschaum ihres Geschlechts und von seiner ersten Geliebten gerade das Gegenteil war. Es war die berüchtigte Schleiferberbel. Dieses Weib war recht dazu gemacht, unter den Gaunern die ausgezeichnetste Rolle zu spielen. Ohne einen Vorzug körperlicher Schönheit zu besitzen, vereinigte sie alle Laster in sich, die eine weibliche Seele verunstalten können: unersättliche Wollust, Herrschsucht, Arglist, heimtückische Bosheit, Verstellung, Scheinheiligkeit, Hartherzigkeit, kaltblütige Rachsucht – alles in einem ungewöhnlichen Grade. Daneben besaß sie Fertigkeiten, welche sie weit über andere ihresgleichen erhoben. Mit einer außerordentlichen Leibesstärke verband sie einen Verstand, der zu allen Ränken aufgelegt war, eine Verschlagenheit, die nichts übersah, eine Entschlossenheit, die in jeder Lage sich gleich blieb, eine Fertigkeit und Geschicklichkeit im Stehlen, die schwerlich ihresgleichen hat, eine bezaubernde Freundlichkeit und Gefälligkeit, mit der sie sich überall, wo sie auftrat, geltend machte und jedermann, selbst auch widrig Gesinnte, anzuziehen wußte, eine Tätigkeit, die nie müßig war. In weiblichen Künsten und Geschäften trefflich erfahren, hatte sie immer, wenn sie nicht mit Diebstählen beschäftigt war, die Spindel oder die Nadel oder ein Gestrick in der Hand. Aufmerksam auf alles, was Sicherheit und Gefahr, Nutzen und Schaden betraf, durchwachte sie oft Nächte, wenn andere sorglos schliefen, und sah und erfuhr, was sonst keinem bekannt wurde. Immer reinlich und geputzt in ihrem eigenen Anzug, versah sie auch ihren Mann und ihre Beischläfer immer mit netter Kleidung und sauberer Wäsche. Mit diesen Eigenschaften ausgerüstet, war sie die meisterhafteste Diebin, die es geben kann ...«

Diese Schleiferberbel also hatte es auf den Konstanzer Hanß abgesehen. Sie war mit dem Scherenschleifer Antonius Krämer verheiratet und hatte je nach Belieben ihre wechselnden Beischläfer. Jetzt umgarnte sie den Konstanzer Hanß mit ihren Kunstgriffen: »Jung, schöngebildet und anderen Gaunern an Verstand und Mut überlegen, gefiel er dem buhlerischen Weib und war ganz der Mann, wie sie ihn sich wünschte. Sie legte ihm schlau das Netz, und er fiel darein, ohne daß er wollte, fast ohne, daß er's wußte, wie er dazu kam.« – Durch die Verbindung zur Schleiferberbel tauchte der Konstanzer Hanß vollständig ins Gaunermilieu ab. Pfarrer Schöll schreibt über den Einfluß, den diese auf den Hanß ausübte: »Ein Weib, wie sie war, konnte unmöglich mit ihm – zumal im Verhältnis als Beischläferin – in Verbindung stehen, ohne auf seinen Charakter nachteiligsten Einfluß zu haben. Manche Funken des Guten, die damals noch in ihm glimmten, erstarben vollends in ihrem Umgang, und Laster, die in ihm brüteten oder schon erstarkt waren, wurden da vollends ausgebildet – sie gab ihm die letzte Stimmung zu einem Gauner.«

Der Konstanzer Hanß wurde zu einem »Erzjauner«, der als Räuber und Dieb das Land durchstreifte und brandschatzte, wobei er mehrfach auch als Bandenführer auftrat.

1782 schließlich gelang dem mit größter Beharrlichkeit und ohne Rücksicht auf eigene Gefährdung oder Gesundheit seine

Gartender Soldat. Herrenlose Landsknechte trieben sich oft monate- und jahrelang herum und bestritten ihren Lebensunterhalt durch »Plünderungen«. Man nannte das »auf der Gart sein«.

Räuber verfolgenden Oberamtmann Schäffer die Überstellung des Konstanzer Hanß nach Sulz. Er war zuvor in Mahlberg festgesetzt worden: »Während daß unter diesen Umständen das Urtheil zögerte, und man des ehrlosen und unzufriedenen Arrestanten halb überdrüßig war, hatte der Oberamtmann zu Sulz aus einer Jaunerbeschreibung in der Stuttgarter Zeitung ersehen, daß der Konstanzer Hanß zu Mahlberg in Verhaft liegen müsse, und sogleich einen Expressen deßwegen nach Mahlberg geschikt, aber die Antwort erhalten, daß dieser Jauner auf dem Weg nach Pforzheim als kayserlicher Deserteur weggenommen und nach Freyburg gebracht worden seye. Längst begierig, dieses Mannes habhaft zu werden, der ihm äußerst wichtig und ehmals in so genauer Verbindung mit den Sulzer Gefangenen gestanden war, wandte sich nun der Oberamtmann auf erhaltene höhere Erlaubniß nach Freyburg an das Regiment Beuder und bat so nachdrücklich als möglich um die Auslieferung desselben. Bey der Lage, in welcher eben damals Hanßens Sache bey dem Regiment sich befand, trug man kein Bedenken, diesem Ansinnen zu entsprechen: es wurde beschlossen, ihn nach Sulz abzugeben.«

Schöll weiter: »Je länger je mehr stürzte er unter jenen Kameraden in den Taumel seiner alten Rohheit zurük, aus welchem er während seiner langen Gefangenschaft und Einsamkeit angefangen hatte, ein wenig nüchtern zu werden. In sorgloser Gleichgültigkeit und in wildem Freuden-Getümmel verlebte er seine unthätige Arrestanten-Zeit. Kein ernster Gedanke fand bey dieser Lebensart Raum; keine Ahndung einer Gefahr beunruhigte ihn. Alles wurde weggelacht – alles durch Wein und Spiel und ausgelaßne Gespräche übertäubt. In einem solchen Zustand befand er sich, als der Wagen zu seiner Abholung von Sulz ankam, und hieraus läßt sich begreiffen, welchen Eindruck diese so plözliche Erscheinung, auf die er nicht durch den mindesten Wink vorbereitet war, auf ihn gemacht haben müßte? Längst hatte ers schon für entschieden angenommen: wenn er nach Sulz komme, so seye für ihn alle Hoffnung dahin ...

Er saß auf seinem Lager im Stokhauß, als der Adjudant mit dem Sulzer Hatschier hereintrat, und gleich nach dem rofosen schikte, um Hanßen aufzuschließen. Was mag das bedeuten, dachte er bey sich, indem er den Hatschier scharf ansah. Da er ihn nicht kannte: so war seine erste Vermuthung, er werde wieder an Baden ausgeliefert werden. Um etwas näheres zu erfahren, verlangte er unter einem gewißen Vorwand hinausgeführt zu werden. Außen traf er den Sulzer Stadtknecht mit noch einem Mann an, der den Arm voll Ketten hatte. Seine Besorgniß vermehrte sich. Was ist das? fragte er seine Cameraden, die aus der Caserne herbeygeloffen waren. Bruder! sagte einer derselben, das geht dich an; die Leute sind von Sulz am Neccar, und wollen dich abholen. Nun erwiederte er, wenns das ist; so haben mir in vierzehn Tagen die Raben die Augen ausgehakt. Mit wütendem Ungestümm kehrte er dann in die Wachtstube zurük. Was macht euer Oberamtmann, der Blutsauger, sagte er zum Hatschier, indem er wie ein Rasender auf seine Pritsche hinaufsprang? Er hat schon lang nach meinem Blut getrachtet, jezt hat er mich, und kann seinen Muth an mir kühlen.

Jezt wurde er den Sulzern übergeben, von ihnen stark geschloßen, und ein eisernes Halsband ihm angelegt, um ihn damit am Wagen recht fest zu machen. Das ist ein Präsent vom Viktor, sagte der Stadtknecht, er hat es angegeben, euch so zu schließen, wenn man euch gewiß haben wolle. Es soll ihm nichts nutzen, erwiderte Hanß – doch mags auch, setzte er mit dem rohesten Scherz hinzu, ein eisernes Halsband, an Blasi-Tag angelegt, ist gut fürs Halsweh ...

Er glaubte nach Sulz zu Fuß gehen zu müßen, und hatte nur leinene Strümpfe. In diesen Strümpfen kann ich bey der großen Kälte mit meinen Ketten die Reise nicht machen, sagte er mit brutalem Zorn zum Hatschier. Sogleich kaufte dieser ihm gute wollene: aber jezt nahm sie Hanß, bloß um ihn zu ärgern, nicht von ihm an. Mit der Erbitterung, die sich in diesen Reden und Handlungen ausdrükte, fuhr er von Freyburg unter der Bedekung von acht Wächtern ab, und er hatte sich vorgenommen, diesen Männern, da er sonst keinen nahen Gegenstand hatte, an welchem er seinen Zorn auslaßen konnte, auf die beleidigendste Art zu begegnen. Er thats auch anfangs. Unterwegs wollten sie mit ihm reden; er gab aber keinem eine Antwort und saß mit stillem Troz auf seinem Wagen ... Selbst das Aufsehen, das er auf seiner Reise erregte, bewieß ihm, wie schlimm die Lage seiner Sache, und wie begründet seine Besorgniße seyen. So wie er die Würtembergischen Gränzen betrat, strömte, wenn er durch ein Dorf oder eine Stadt fuhr, alles aus den Häusern herbey, und so wie er sich Sulz näherte, wurde der Zulauf allgemeiner. Schwerlich kann eine hohe fürstliche Person durch ihre Ankunft ein Volk in größere Bewegung setzen, die Neugier stärker reizen, und feyerlicher empfangen werden, als Hanß. Jedermann wollte den Wundermann sehen, von dem er schon so viel abentheuerliches – wahres und falsches – gehört hatte. Als der Wagen in Alpirspach ankam, zog ein Weib die Gloke an ihrem Hauß. Plözlich stürzte, als wenn man Sturm geläutet hätte, alles aus den Häusern und drängte sich herbey ... Die Sage hatte ihn als einen Mann beschrieben, der, so bald er auf den Boden komme, sich flugs unsichtbar machen könne. Man verwunderte sich also über die Unvorsichtigkeit des Hatschiers, und war erstaunt, Hanßen auf dem Boden zu sehen. Der Hatschier lößte das Räthsel auf. Wenn der Gefangene auf bloßem Boden gienge, sagte er, so würde man ihn freilich schon nicht mehr sehen: aber würklich gehe er auf dem Schnee: dieser mache seine Kunst unkräftig. Zu Weiden, eine Stunde von Sulz, hatten sich mit ungedultiger Neugier eine Menge von Einwohnern dieser Stadt vom vornehmeren und niederen Stand eingefunden, um sich das Vergnügen seines bälderen Anbliks zu verschaffen, und von da an fuhr er wie zwischen Alleen von Menschen biß nach Sulz.

Hier war vollends der Auflauf unglaublich. Kaum konnte sich der Wagen biß zur Ober-Amtey hindurchdrängen, die ganz mit Menschen umstellt und angefüllt war, weil vor derselben Halt gemacht wurde. Hanß befand sich bey diesen Auftritten in einer eigenen Gemüthsfaßung. Seine Seele war zwischen Behaglichkeit und Verlegenheit, zwischen Lustigkeit und Furcht auf eine sonderbare Art getheilt. Der Anblik so vieler Menschen, die sich aller Orten zu ihm hindrängten, erregte in ihm ein angenehmes Gefühl von seiner Wichtigkeit, und that seinem Stolz wohl: das Getümmel, welches damit verbunden war, die munteren und unterhaltenden Gespräche, die immer neben und mit ihm geführt wurden, besonders aber die Freygebigkeit der neugierigen Zuschauer, welche ihm überall, wo man Halt machte, waker einschenken ließen, wekten seinen Hang zur Lustigkeit, und brachten ihn so gar dahin, launigt zu seyn. In Alpirsbach sprach man ihm so zu, daß er schnell auf einander gegen vier Würtembergische Maß Wein trank – mehr als er je in seinem Leben in so kurzer Zeit getrunken hatte, und daß er bis zum taumeln berauscht wurde. Aber bey allem dem konnte er doch den Zustand nicht vergeßen, in welchem er jezt war. Selbst bey dem lärmendsten Geräusch, das um seine Ohren tönte, und bey so vielen betäubenden Gegenständen, die ihm vor Augen schwebten, erinnerte er sich immer wieder, wohin der Zug mit ihm gehe? Wann er einer lustigen Anwandlung sich überlaßen hatte oder überlaßen wollte: so fiel ihm plözlich der Kerker ein, in welchem er nun in wenigen Augenbliken sizen – und der nahe Tod, dem er überliefert werde ... So trat er auch vor dem Ober-Amtmann, dem ersten Gegenstand seines Schrekens auf, der ihn nach einigen vorläufigen Erinnerungen in sein Gefängnis abführen ließ. Nun war er also an dem Ort, den er schon seit langer Zeit am meisten gefürchtet hatte, wo mehrere seiner ehemaligen Cameraden zum Theil schon über ein Jahr lagen, wo von seinen Verbrechen schon so manche, selbst eines der wichtigsten, offenbar waren, wo sich ein Beamter befand, der mit einer ungewöhnlichen Genauigkeit und Schärfe untersuchte, der keine Mühe sich verdrießen und keine Mittel unbenuzt ließ, um die Wahrheit so vollständig als möglich an den Tag zu bringen, der gerade ihm längst schon nachgestellt,

Am Pranger, um 1850.

und jezt durch so besondere Zufälle ganz wider den Anschein, ihn in seine Gewalt bekommen hatte – an einem Orte also, wo für ihn keine Aussicht mehr offen war, und den er auf keine andere Art verlaßen zu können schien, als um den Richtplatz zu betreten ... Und nun mußte er, wenn ja noch etwas für ihn zu hoffen war, dieß ganz auf den Gang seines Verhörs ankommen laßen, das er eben so begierig als ängstlich erwartete.

Es nahm endlich, da es durch andere Untersuchungen aufgehalten worden war, nach Verfluß von drei Wochen seinen Anfang, und gleich die Eröffnung desselben überzeugte ihn, daß er beynahe keine andere Wahl habe, als alles unverhohlen zu gestehen. Der Ober-Amtmann ermahnte ihn sehr nachdrüklich, alles freywillig der Wahrheit gemäß anzugeben, und nicht mit Läugnen und Lügen sich helfen zu wollen. Das Läugnen komme jetzt überall zu spät, sagte er, indem er ihm einen mächtigen Stoß von

Akten zeigte, die er von verschiedenen Orten her seinetwegen erhalten, und auf andere sichere Nachrichten sich berief, die er von seinen Verbrechen hätte. Würde er aufrichtig alles gestehen: so hätte er die gelindeste Behandlung zu erwarten, und würde überzeugt werden, daß er – der Ober-Amtmann nicht der Tyrann seye, für den er ihn gehalten habe. Diese Erklärung und der Anblik so vieler Akten und Jaunerlisten, die auf dem Tisch lagen, machten ihn um so viel fester in seinem schon gefaßten Entschluß, alles zu gestehen, wovon er nur merken würde, aber nach sicheren Schlüßen voraus sezen könnte, daß es schon bekannt sey, und was er auch außerdem ohne vielen Nachteil für sich gestehen könnte, und da er bey diesem ersten Verhör, welches drei Tage nach einander fortwährte, über seine Lebens-Umstände im allgemeinen, von seiner Jugend an biß zu seinem lezten Diebstahl – namentlich über den Diebstahl zu Wenzeln und Turbach, und wo und wie oft derselbe in Verhaft gelegen, examiniert wurde: so erzählte er das alles der Wahrheit gemäß ...

Hundert und sechs und dreyßig nächtliche Einbrüche und Diebstähle sind es, welche er während seines Jaunerlebens in Gesellschaft anderer Jauner begangen. Davon wurden sechzig erhoben, die zusammen eine Summe von 3 075 fl. [Florin, Gulden] und für Hanßens Antheil 1 129 fl. ausmachen. Fünf und fünfzig wurden nur summarisch protokollirt, und belauffen sich auf 2 150 fl. wofon beynahe die Hälfte Hanßen zufällt. Die übrigen wurden um der Weitläufigkeit des Geschäftes willen nicht protokollirt. Zu diesen nächtlichen Einbrüchen kommen dann noch viele Tagdiebstähle und kleinere Entwendungen, die wenigstens auf dreyhundert gerechnet und zu 1 000 fl. angeschlagen werden darfen. Der ganze Raub also, den Hanß an dem Publicum als Jauner begangen hat, belauft sich nach einem mäßigen Anschlag (die nicht protokollirte Einbrüche darzu gerechnet) auf mehr als 3 000 fl., und diesen Raub begieng er, unerachtet er vier Jahre unter den Jaunern war, doch meistens in einem Zeitraum von zwey Jahren. Um sich aber einen vollständigen Begriff von seiner Thätigkeit zu machen, muß man wissen, daß ihm mehrere hundert Einbrüche mißlungen sind, und daß er manchmal in einer Nacht vier bis fünf vergebliche Versuche gemacht hat ...

Der Bezirk seiner Jaunerei war Schwaben, von der südlichen Hälfte Würtembergs an, und die angränzende Schweiz biß Graubündten. Er stund weder unter einer, von einem Oberhaupt befehligten, Bande, noch formierte er selbst eine als Befehlshaber, sondern er stahl nach der hergebrachten Weise, bald mit diesen bald mit jenen Cameraden, meistens nur mit Einem, manchmal aber auch mit mehreren, doch selten mit mehr als drei oder vier, von denen er sich dann oft gleich nach vollbrachter That wieder trennte. Er brach ... hauptsächlich in Pfarrhäuser ein. Er war es, der gleich als Neuling seinen Cameraden vornemlich diese Häuser zu bestehlen vorschlug, und er führte nicht nur selbst diesen Vorschlag am eifrigsten aus, sondern er lenkte auch die Thätigkeit seiner Cameraden auf diese Seite, so daß es von jener Zeit an Grundsaz wurde, hauptsächlich Pfarrhäuser zu plündern, und daß er in dieser Rüksicht als Reformator der schwäbischen Jaunerey anzusehen ist. Vom Schwarzwald an biß in die Schweiz hinein war in einem weiten Umfang beynahe kein Pfarrer, den er entweder nicht würklich bestohlen, oder wenigstens zu bestehlen sich vorgenommen hätte. Bey seinen Einbrüchen enthielt er sich durchaus, Gewalt zu gebrauchen. Nie griff er diejenigen, denen der Besuch galt, feindlich an, nie band er jemand, um desto ungehinderter seinen Raub zu sammeln und wegzubringen, nie gab er jemand Schläge, um ihm die Entdekung verborgener Schäze abzunöthigen, oder seinen Muthwillen zu seiner Belustigung an ihm auszuüben, nie raubte er jemand das Leben. Hannikel forderte ihn einmal auf, einen Pfarrer bey Sulz mit ihm zu bestehlen, und Hanß hatte ihm schon zugesagt: da er aber hörte, daß Gewaltthätigkeiten gebraucht werden sollten, trat er wieder zurük, und fand eben darum auch keinen Geschmak an der Gesellschaft dieses Zigeuners und seiner Consorten, weil sie mit Gewalt

Bis Mitte des 19. Jahrhunderts bestrafte man viele Delikte dadurch, daß Verurteilte am Pranger (im Süddeutschen auch Prechel oder Schreiat genannt) zur Schau gestellt, ausgepeitscht oder verstümmelt wurden.

zu Werk giengen. Er brach nur da ein, wo es unbemerkt und in der Stille, während daß die Haußleute schliefen, geschehen konnte. Wo er jemand wach sah, blieb er weg: und wenn er auch schon in ein Hauß mit Mühe und Gefahr gestiegen war, und die beste Hoffnung zu einem beträchtlichen Raub hatte: so eilte er zurük, so bald jemand darinn reg wurde, und er ohne Gewaltthätigkeit nichts hätte wegbringen können. Zwar war er meistens mit einem oder etlichen Pistolen und einem tuchtigen Messer versehen, aber dieß nur zu seiner Sicherheit und Vertheidigung, wenn er etwa unversehens überfallen worden und in Gefahr gekommen wäre, in welchem Fall er dann freilich zu seiner Erhaltung das äußerste gethan und auch Unschuldige aufgeopfert haben würde. Weniger Bedenken machte er sich, bei einem mißlungenen Versuch, oder auch außerdem aus Ärger oder zum Spaß, Handlungen zu begehen, durch welche Schreken verbreitet und die Leute beunruhiget wurden. So erhub er, wenn er unverrichteter Dinge einen Ort verlaßen mußte, oft beym Abzug ein fürchterliches Geschrey, um die Leute aus dem Schlaf aufzuschreken: so schoß er einmal hinter einem Pfarrhauß, in welchem plözlich bey seiner Erscheinung alles wach worden war, und erbärmlich um Hülfe schrie, zum Spaß seinen Pistol loß, um sich das Vergnügen zu machen, den Schulmeister, der auf das Geschrey herbeygeeilt war, den Ausreiß nehmen zu sehen ...

Er schlug einmal an ein Pfarrhauß in der Gegend von Schaffhausen die Leiter an, und wollte, nachdem er hinaufgestiegen war, eben eine Scheibe aus dem Bley wenden, um das Fenster öffnen zu können, als plözlich etwas an das Fenster klofte. Er kehrte zurük, weil er vermuthete, es müße noch jemand außer dem Bett seyn. Nach einer kleinen Pause stieg er wieder hinauf, und es geschah wieder ein Schlag ans Fenster. Er gieng wieder zurük, und schlug die Leiter an einer andern Seite der Wohnstube an, aber auch jezt erfolgte das gleiche – noch rascher als vorhin, und in der Eilfertigkeit, mit welcher er herabstieg, hatte er das Unglük, den Sproßen an der Leiter zu verfehlen, und hinabzustürzen, wodurch er die Hüfte verrenkte. Noch wollte er aber nicht abziehen, und da er für seine Person zu weiteren Versuchen wegen dieses Falls nicht ganz mehr tüchtig war, wieß er seinen Cameraden an, hinaufzusteigen. Auch dieser kam dreymal mit der Nachricht zurük, daß jemand ans Fenster geklopft habe, und behauptete, es seye ein Geist, der es thue, er habe ihn deutlich erkannt. Ärgerlich über diese Behauptung und über den langen Verzug schalt ihn Hanß einen lüderlichen furchtsamen Kerl, schlug auf offener Straße ein Licht, und stieg damit blinkend die Leiter hinauf, um einmal der Sache auf den Grund zu kommen. Jezt schaute der Pfarrer, der bißher die Diebe durch den wiederholten Schlag freundschaftlich zum Abzug ermahnt hatte, zum Fenster heraus. Schau hinein, fuhr in Hanß mit einem fürchterlichen Fluch an, oder ich schlage dir das Hirn ein. Wenns das ist, sagte der Pfarrer ganz gelassen, so kann ich ja das Fenster schliessen. Er thats, und die Diebe zogen ab. Ein Gegenstük zu diesem. Bey einem Einbruch, den er im Hauß eines katholischen Pfarrers begieng, fand er, da er in die Stube trat, den Tisch noch gedekt, und noch Käs und Wein darauf vorräthig. Dieß kam ihm so eben recht, und ehe er etwas weiters unternahm, sezte er sich erst hin, und ließ sich diese Überbleibsel schmeken. Unter dem Zehren schaute er in der Stube umher, um zu sehen, was zum mitnehmen da wäre. Plözlich flog hinter dem Umhang der Pfarrer, ein starker Mann hervor, und pakte ihn fest an der Brust. Der unerwartete Angriff brachte ihn auf einen Augenblik aus der Fassung. Dann aber brüllte er mit allgewaltiger Stimme eine solche Ladung von Flüchen und Drohungen über ihn her, daß der Pfarrer seine Beute fahren ließ, und in seinen Hinterhalt furchtsam zurük floh. Zufrieden mit dieser Flucht, nahm dann auch Hanß sogleich seinen Abschied, ohne sich an ihm und seinen Habseeligkeiten weiter zu vergreiffen.

Wie weit er in der Verwegenheit bey seinen Unternehmungen gehen konnte, beweisen folgende Beispiele. Er hatte mit noch einem Cameraden unter dem Namen eines verabschiedeten Regiments-Henkers auf dem Landhause eines holländischen Obrists bey Tage gebettelt, um das Hauß und die Schäze desselben auszukundschaften, und die Nacht darauf erschienen sie beede vor demselben, um einzubrechen, und die Schäze zu holen. Zum Unglück aber fanden sie keine Leiter, die zur Höhe des Hauses gepaßt hätte. Die erste, die sie herbeybrachten, war um vieles zu lang, und die zweyte um eine Mannslänge zu kurz. Um nun doch das Hauß zu ersteigen, schlug Hanß die leztere an, stieg so weit er konnte hinauf, und ließ sich mit der Leiter von seinem Cameraden mit der äußersten Lebensgefahr so weit hinaufschieben, bis er das Fenster erreicht hatte: dann plünderte er die Wohnstube und kehrte eben so glüklich zurük, als er hergekommen war. Noch verwegener war ein Einbruch bey einem katholischen Pfarrer auf dem Schwarzwald. Das Hauß, welches dieser bewohnte, war sehr hoch und die Fenster und Läden daran überall so gut verwahrt, daß von dorther, ohne Gewalt zu gebrauchen und laut zu werden, nicht beyzukommen war. Nur ein einziger kleiner Laden war ganz oben am Hauß offen. Hanß schlug also eine hohe Leiter, die er aus dem Schuppen eines Bauren holte, dorthin an, und stieg hinauf, konnte aber auch vom äußersten Sprossen den Laden nicht erreichen. Dann zog er seine Stiefel und seinen Rok aus, stieg auf die beeden äußersten Spizen der Leiterbäume, von wo aus er kaum mit seinen Fingern sich an der Ladenöffnung ein wenig anklammern konnte, und jukte so lang hinauf, biß er endlich mit seinem ganzen Cörper herauf kam. Nach der Plünderung des Hauses hoffte er unten zur Thüre heraus gehen zu können, er fand sie aber wider Erwarten so gut geschloßen, daß er sie ohne Geräusch nicht hätte offnen können, und war genöthiget, seinen Rükweg wieder zum Laden heraus zu nehmen, und sich einer noch größeren Gefahr als beym Hineinsteigen, auszusezen. Doch gelang seiner Vorsicht und Geschiklichkeit auch hier das Wagestük.

Nichts ist in dem Leben eines Verbrechers von Profeßion anziehender, als selbst bey seinen Freveltbaten noch auffallende Äußerungen von Sittlichkeit und Gefühl wahrzunehmen. Auch in Hanßens Leben kommen dergleichen vor, wie aus der vorhergehenden Geschichte erhellt ...

Mit eben der gewissenhaftesten Geradheit, mit welcher er seine eigenen Verbrechen bekannte, offenbarte er auch diejenigen, welche ihm von seinen Cameraden bekannt waren; und erleichterte dadurch das ganze mühsame Untersuchungs-Geschäft ungemein. Nur mit äußerster Mühe hatte der Ober-Amtmann nach und nach die Diebstähle der übrigen Gefangenen ans Licht gezogen, und in einem Zeitraum von mehr als einem Jahr hatte er noch nicht mit allem ins Reine kommen können. Hanß berichtigte und ergänzte das bereits eingestandene, und entdekte auch vollends das, was sie noch zurükbehalten hatten, ohne sich dabey einer Partheylichkeit oder Unredlichkeit schuldig zu machen. Seine Offenherzigkeit gieng noch weiter, sie erstrekte sich auf alle seine ehemaligen Cameraden und auf alles, was Jaunerey betrift. Er gab alle ihm bekannte Jauner – 506 an der Zahl – ihre Namen, ihre vorzüglichsten Thaten, die unterscheidenden Merkmale ihrer Person, den gewöhnlichen Ort ihres Aufenthalts, die besondere Art ihrer Diebereyen mit der größten Pünktlichkeit an, und sezte dardurch das Ober-Amt in den Stand, eine der genauesten und vollständigsten Jaunerlisten zu verfertigen.

Außerdem entdekte er auch die verschiedenen Sammelpläze der Jauner, die Häuser, in denen sie Aufnahme und Herberge finden, die Personen, die mit ihnen in Verbindung stehen, ihnen Schuz und Sicherheit verschaffen, und die gestohlenen Sachen ihnen abkaufen. Er bestimmte die Oerter, die Zeit und Mittel, wo, wann und wie sie am leichtesten und sichersten ausgehoben werden könnten. Nach seinen Angaben wurden gleich an verschiedenen Orten mehrere seiner alten Cameraden eingezogen. In einem einsamen Wirthshauß in der Schweiz, nahe beym Kloster Maria Einsiedel nahm man auf seine Anzeige und durch Vorkehrungen, die er an Hand gegeben, eine Bande von dreizehn Jaunern gefangen, welche im Begriff waren, eine der verruchtesten Thaten zu begehen. Sie hatten sich mit noch mehr als zwanzig andern verabredet, wie gewöhnlich aufs Pfingstfest bey der großen Wallfarth sich in diesem Kloster einzufinden, und dasselbe mitten unter dem Getümmel der großen Feyer in Brand zu steken, um sich in der allgemeinen Verwirrung der in der Kirche angehäuften Schäze, und insbesondere der Monstranz, die eine halbe Million gekostet, zu bemächtigen. Sie würden auch würklich ihr abscheuliches Vorhaben ausgeführt, und das Kloster in einen Aschenhaufen verwandelt haben, wenn sie nicht noch zur rechten Zeit überfallen worden wären. Die meisten waren zwar von dem Sammelplaz abwesend, da die Häscher erschienen, und entrannen also dem Verhaft und der verdienten Strafe. Jene dreizehn hingegen, die ausgehoben wurden, mußten mit dem Kopf für ihren vorgehabten Frevel büßen ...

Durch seine aufrichtigen Geständnisse brachte also Hanß der Jaunerey einen sehr empfindlichen Stoß bey. Die Zahl ihrer Mitglieder wurde durch ihn beträchtlich vermindert, und die noch übrigen verloren vieles von ihrer vorherigen Sicherheit. Furcht und Schreken wurde unter ihnen verbreitet. Ihrer alten Herbergen und Freunde beraubt, und durch neue Verfolgungen beunruhigt, trieben sie jezt ihr Handwerk mit mehr Mäßigung und Behutsamkeit, und das Publikum, aus deßen Beutel dieß Gesindel

Abriß

des

Jauner

und

Bettelwesens

in Schwaben

nach Akten und andern sichern Quellen

von dem Verfasser

des

Kostanzer Hanß.

Stuttgart,

bey Erhard und Löflund.

1793.

Vier Jahre nach der Biographie des Konstanzer Hanß erschien – wiederum wahrscheinlich von Waisenhauspfarrer Johann Ulrich Schöll verfaßt – der »Abriß des Jauner- und Bettelwesens in Schwaben«. Hier das Titelblatt.

zehrte, sahe sich, gegen vorhin, um vieles erleichtert. Hanß machte dadurch unläugbar Verdienste, die von großer Wichtigkeit waren. Da er als ein schlauer Kopf dieß nothwendig selber denken und einsehen mußte, was für einen vortheilhaften Einfluß Geständniße von der Art auf seine Bestrafung haben konnten: so möchte man vielleicht auf den Gedanken gerathen, seine Offenherzigkeit seye wohl nur seine Speculation gewesen, und er habe sie bloß bewiesen, um sein Schiksal sich zu erleichtern und die so sehr gefürchtete Todesstrafe abzuwenden. Daß er hierauf gar nicht die mindeste Rüksicht bey seinen Geständnißen genommen, läßt sich nun wohl nicht so schlechterdings behaupten. Aber daß dieß nicht der Hauptzweck – nicht der eigentliche Grund derselben gewesen, daß sie aus einer beßeren Quelle geflossen seyen, wird nicht nur durch die ... unverdächtige Entstehungsart seinr Offenherzigkeit und durch jene Erklärung, welche er am Schluß seines Verhörs von sich gegeben sondern auch durch sein ganzes Betragen und die Lage seines Gemüths während seiner Gefangenschaft sehr wahrscheinlich. Aus der ganzen Art, womit er seine Geständniße ablegte, leuchtete der Mann hervor, der dabey nach einer inneren Überzeugung und nach dem Trieb seines Gewissens handelte, der dem Publikum zu dienen und das seinige zur Zerstörung einer so schlimmen und verderblichen Sache, als die Jaunerey ist, beyzutragen suchte, und von allen unlauteren Nebenabsichten fern war ...«

Hanß nach seiner Verhaftung und Verurteilung: ein besserer Mensch

Nicht die Festnahme des Konstanzer Hanß und dessen Rückführung nach Sulz war das große Verdienst des Oberamtmannes Schäffer, sondern daß er mit sicherem Gespür erkannte, daß dieser Konstanzer Hanß ihm bei seinen Ermittlungen noch viel nützen konnte. Deshalb brachte Schäffer ihn auch nicht wie andere Räuber dieses Kalibers, so den berüchtigten Räuber Hannikel, an den Galgen, sondern setzte sich beim Herzog für ein milderes Urteil ein. Der Konstanzer Hanß kam ins Ludwigsburger Zuchthaus, schließlich wurde er sogar begnadigt. Im Gegenzug leistete dieser dem Sulzer Oberamtmann für seine künftigen Gaunerermittlungen eine unschätzbare Hilfe: Er machte nicht nur voller Reue über sein sündenhaftes Leben über 500 Gauner namhaft, verriet rund hundert Gaunerunterschlupfe und Diebesherbergen und verhinderte mit seinen Hinweisen, daß das Kloster Maria-Einsiedeln einem Brandanschlag zum Opfer fiel, sondern verfaßte in der Haft auch noch jenes Wörterbuch der Gaunersprache, das hundert Jahre später, vergessen und vergilbt, in der neueren philologischen Abteilung der Stuttgarter Landesbibliothek auftauchen sollte, die »Wahrhafte Entdeckung der Jauner- oder Jenischen Sprache, von dem ehemals berüchtigten Jauner Konstanzer Hanß – Auf Begehren von Ihme selbst aufgesetzt und zum Druck befördert«. Endlich war es dadurch auch den staatlichen Räuberfängern möglich, die Sprache der Gauner zu deuten und den Dieben und Vaganten auch in ihrer Sprache auf die Schliche zu kommen. Der Konstanzer Hanß wurde dem Oberamtmann Schäffer sogar zu solch einer Hilfe, daß dieser sein Ansinnen vor den Herzog brachte, ihn zum »Hatschier«, zum Hilfspolizisten, zu ernennen. In der Zeit zwischen 1784 bis 1793 reiste der Konstanzer Hanß gleich mehrfach nach Sulz am Neckar zum Oberamtmann Schäffer, wo er ihm seine intimen Kenntnisse des Gaunermilieus anvertraute. Noch in seinen Diebslisten von 1801 und 1813, Jahre nach dem Tod des Konstanzer Hanß, gedenkt Schäffer des »verdienstvollen Konstanzer Hanß« und seiner Hilfe beim Aufspüren des raubenden Gesindels im Land.

Pfarrer Schöll meint in seiner Biographie, der Konstanzer Hanß fühlte sich auf der einen Seite wegen seiner geschwächten Gesundheit unfähig, das Amt eines württembergischen Hatschiers gehörig zu versehen, auf der anderen halte er dasselbe für seinen moralischen Zustand für allzu gefährlich. Nicht daß er sich nicht Festigkeit genug zugetraut hätte, in einer solchen Lage außerhalb der Gesellschaft der Gauner zu beiben, sondern weil er bei den Streifzügen, die ein Hatschier zu machen hatte, allzu viel Gelegenheit und Reizung zu allerlei anderen Ausschweifungen sah. Hanß wünschte, in einen Zustand versetzt zu werden, in welchem er nicht nur hinlänglich versorgt, sondern auch bis zu einem gewissen Grad eingeschränkt und so wenig Versuchungen als möglich ausgesetzt wäre. Sein einziger und höchster Wunsch, so Schöll, war, daß er unter die sogenannten freiwilligen Armen in dem Waisenhaus, welches mit dem Zuchthaus verbunden war, aufgenommen würde. Oberamtmann Schäffer setzte sich für dieses Ansinnen ein, und der Wunsch konnte erfüllt werden, nachdem Hanß vier Jahre lang im Zuchthaus verbracht hatte; Pfarrer Schöll berichtet: »Noch bis jetzt zeigen sich bei ihm auch keine anderen als guten Folgen davon. Er bringt seine Tage in Stille und Eingezogenheit hin, durch währende körperliche Plagen geübt, mit Erweiterung seiner Kenntnisse und mit seiner Besserung beschäftigt, für seine nun auch wieder in Freiheit gesetzte einzige Schwester brüderlich besorgt und auf Erhaltung der Ordnung ... mit tätiger Aufmerksamkeit bedacht«.

Am 3. September 1793 verstarb der Konstanzer Hanß im Ludwigsburger freiwilligen Armenhaus. Seine »Wahrhafte Entdeckung der Jauner- oder Jenischensprache« allerdings blieb der Nachwelt erhalten – als Zeugnis einer anderen Zeit, in der ein großer Teil der Bevölkerung zum fahrenden Volk gehörte und sich eine Vielzahl dieser Vaganten von Raub, Diebereien und Betrug ernährten. Der Konstanzer Hanß kann als Beispiel dafür gesehen werden, daß es Georg Jacob Schäffer durch seine Umsicht gelang, für eine wirksame Bekämpfung der Verbrechen Kenntnisse und Fertigkeiten von Vertretern dieses Milieus zu nutzen.

Die »wahrhafte Beschreibung der Jauner- oder Jenischen-Sprache« ist als Anhang in diesem Buch abgedruckt.

Hannikel: Ein Schrecken seiner Zeit

Eines Morgens wurde Oberamtmann Schäffer durch eine furchtbare Nachricht aufgeschreckt: In der Frühe des 5. April 1786 fanden zwei Zigeuner in der Nähe des Gaisbühlhofs bei Reutlingen den herzoglich württembergischen Grenadier à cheval Christoph Pfister, genannt Toni, blutüberströmt und schauerlich zugerichtet am Boden liegen. Ein Arm und ein Bein waren ihm abgeschlagen, die Nase und die Unterlippe aus dem Gesicht herausgeschnitten, die klaffenden Wunden mit Jauche übergossen. Pfister starb unter gräßlichen Schmerzen auf dem Weg nach Reutlingen, wohin die Retter ihn auf einem Karren bringen wollten. Der Ermordete war ein ehemaliger Zigeuner, der nach seinem Übertritt in den Militärdienst mit seinen Familien- und Stammesmitgliedern in Kontakt geblieben war und auch weiterhin das Hausierergewerbe betrieb.

Bei einem seiner Besuche bei der Familie hatte Toni Pfister die schöne Mantua, die Geliebte des Zigeuners Franz Reinhard, genannt Wenzel, kennengelernt. Wenzel war der Bruder des berüchtigten und gefürchteten Räubers Hannikel. Pfister entführte und heiratete Mantua. Von diesem Augenblick an schworen ihm Wenzel und Hannikel Rache: »Sie seien einander eben beede auf den Tod gegangen, wie es bei den Zigeunern, wenn einer dem andern das Weib oder Mensch verführe der Gebrauch seye«, ist im Sulzer Inquisitionsprotokoll als Aussage des Wenzel über die Konsequenz der in ihrer Ehre beleidigten Wenzel und Hannikel dokumentiert. Die Namen dieser beiden waren es auch, welche der Sterbende noch als diejenigen seiner Mörder angeben konnte.

Diese Greueltat sollte verhängnisvoll für Wenzel und Hannikel und für das gesamte Jaunerwesen werden. Der Oberamtmann Schäffer von Sulz machte sich von nun an mit allen ihm zur Verfügung stehenden Kräften daran, der Reinhard-Brüder, besonders des Hannikel, habhaft zu werden. Hermann Kurz, der Schriftsteller, der die Gestalt des Hannikel literarisch verarbeitete, läßt den Reutlinger Stadtsyndikus in seinem Roman aus diesem Anlaß sprechen: »Bis jetzt haben diese gefährlichen Gesellen ihr Handwerk so getrieben, daß ihnen nicht recht beizukommen war. Was sie auf dem einen Gebiete mit Haus- oder Landfriedensbruch verschuldet hatten, war ihnen auf dem andern nicht zu beweisen, und so wußte man ungeachtet des Verdachts nicht, wie man mit ihnen dran war. Jetzt weiß man's. Unsere deutschen Verfassungen mögen manches dulden, was nicht eben ist, und ich weiß, daß man das heilige römische Reich langmütig nennt; aber es dauert nur so lang, bis Blut vergossen ist. Blut schreit um Rache gen Himmel, ein Mord empört die deutsche Natur, er ist wie ein Angriff auf die Religion, wie eine Gotteslästerung. Aber Blut hat auch, daß ich so sage, etwas Reinigendes, und dieser Erschlagene, der in seinem Leben nicht viel wert war, ist nun zu einer Art von Märtyrer geworden, dessen Blut uns das Land säubern wird und bewirken, daß man bei Tag und Nacht seine Straße sicher wandeln kann.«

Hannikel, der nach eigenen Angaben im Verhör um 1742 »zu Darmstadt geboren und in der dortigen Stadtkirche getaufft worden« ist, war im südwestdeutschen Raum bis zu seiner Hinrichtung am 17. Juli 1787 einer der gefürchtetsten Räuber überhaupt. Er verbreitete Furcht und Schrecken, mancherorts wurde ihm auch heimliche Sympathie ob der Listigkeit entgegengebracht, mit der er der Obrigkeit immer wieder entkam. Hannikel und seine Bande, die zeitweise 35 Mitglieder umfaßte, hatten es meist auf wohlhabende Juden und auf evangelische Pfarrer abgesehen:

Hannikel im Sulzer Gefängnis, Ölgemälde von Johannes Hermann (1786/87).

»Die Juden betrügen die Christen ja auch«, ist im »Urgicht und Urthel« über die am 17. Juli 1787 mit dem Strang hingerichteten Hannikel, Wenzel, Duli und Nottelen als Begründung der Räuber, wohlhabende Juden als Opfer zu bevorzugen, ausgeführt, »also haben sie dis wohl thun dörfen«. Die Beraubung evangelischer Pfarrer glaubte Hannikel als Katholik auch gerechtfertigt: »Einen evangelischen Pfarrer zu bestehlen, sey eben so erlaubt und gottgefällig, als wenn man einem Juden das Seinige wegnahm«, führt der »Die Bekehrungsgeschichte des ehemaligen Zigeuneranführers Jakob Reinhardt, genannt Hannickel« niederschreibende Anton Reiniger über Hannikel in seinem 1831 erschienenen Buch aus. Er hatte Hannikel in seinen letzten Tagen als Geistlicher Seelenbeistand geleistet.

Hannikel entstammt einer alten Diebs- und Räuber-Dynastie: Sein Großvater war der berühmte »Kleine Konrad« der bereits durch das Rad hingerichtet worden war. Hannikels Mutter, die »Geißin« zog umher und lebte von wechselnden Arbeiten und vom Betteln. Schließlich schloß sie sich mit ihren Kindern Jakob und Johannes im Nordelsaß einer Gruppe von umherziehenden Zigeunern an, die dem Jakob den Gesellschafts- und Zigeunernamen »Hannikel« gab, was Ochse bedeutet, weil er schon von klein auf stämmiger Figur war. Dem Johannes wurde der Name »Geuder« beigefügt. Lange Zeit war Hannikel im Nordelsaß und in der Pfalz tätig, er lebte zum Teil von Arbeiten in Glashütten oder als Hausierer, zum Teil von Diebs- und Raubzügen. Zu Beginn der siebziger Jahre des 18. Jahrhunderts wurde er in Württemberg aktiv. Seine Schlupfwinkel und Winterlager hatte Hannikel und die von ihm geführte Bande im Nordschwarzwald bei Ebershardt, in der Gegend von Nagold und Altensteig. So brachen Hannikel, sein Bruder und die Räuber Belliani und Calmani am 29. Oktober 1783 in einer Walk, einer Gerberei, in Calw ein und entwendeten verschiedene Tuchsorten für 83 fl. 52 kr. Der dortige Walker Jakob Friedrich Walter wurde deswegen entlassen – der Verdacht war auf seine Söhne gefallen, und er wurde zum Schadenersatz verurteilt. »Wie sehr muß es diesen an seiner Ehre so gewaltig angetasteten Mann freuen, daß seine Unschuld so überzeugend an den Tag kam«, ist im Hannikel-Roman über diese Tat des Räuberhauptmannes zu lesen.

Zum Verhängnis werden sollte Hannikel schließlich der Mord an dem herzoglichen Grenadier Toni Pfister. Und die Einfangung des Hannikel, die über ihn und seine Bande geführte Untersuchung durch den Sulzer Oberamtmann und schließlich die Vollstreckung der Urteile - die Hinrichtung von Hannikel und seinen Brüdern in Sulz am Neckar - sollte zu einem Fanal in der Bekämpfung des Räuberunwesens am Ende des 18. Jahrhunderts werden. Trotz der Bestürzung über die ruchlose Tat, den Mord an dem herzoglichen Soldaten, verlor Schäffer keinen Augenblick seine ruhige Sicherheit. In der allgemeinen Ratlosigkeit der Behörden bewies er sich sofort als ein Mann der entschlossenen Tat. Hannikel war ihm ja längst kein Fremder mehr: der Konstanzer Hanß und der Schinderpeterle hatten ihm schon viel über diesen Mordbrenner erzählt.

Der Konstanzer Hanß sagte über Hannikel: »Solcher seye einer der gewaltsamsten Diebe, und Galgen und Rad für ihne noch eine allzugelinde Strafe, da er durch unendlich viele mit Martern und Plagen der Leute verknüpft gewesene Diebstähle eine weit härtere Strafe schon längstens verdient habe.« Diese Äußerung ist in der 1784 von Schäffer in Sulz veröffentlichten »Beschreibung derjenigen Jauner, Zigeuner, Mörder, Straßenräuber ... und andern herum wagirenden Gesindels, welche zum Schaden und Gefahr des Gemeinen Wesens ... würklich noch herumstreifen« dokumentiert. Schäffer bot nun dem herzoglichen Kabinett an, Hannikel einzufangen und bat, die Bande anschließend ihm zur Inquisition zu übergeben. Er habe die sichersten Gefängnisse im Land, und man könne versichert sein, daß von den Räubern keiner mehr die öffentliche Sicherheit stören würde. Herzog Karl bezeugte dem Oberamtmann »das gnädigste Wohlgefallen über seinen bei diesem Anlaß und ähnlichen Fällen bezeugten seltenen Eifer für das allgemeine Beste« und übertrug ihm am 1. Mai 1786 die Führung der Untersuchung. Zu seinem Schutz wurden ihm zwei Postillons beigeordnet.

Gleich die erste Streife, die Schäffer unter Zuziehung eines Kundschafters, des Zigeuners Mattes – Matthias Reinhard –, in der Nagolder Gegend unternahm, wo die Schlupfwinkel Hannikels und seiner Bande sein sollten, führte zur Verhaftung von Hannikels »Zuhälterin«, der Frankenhannesen-Käther und ihrer Tochter. Nach deren Aussagen hielten sich die Mörder Hannikel und Wenzel in Rechberg auf und schwärmten in der Gegend von Schwäbisch Gmünd. Sofort holte Schäffer Legitimation zu ihrer Verfolgung ein und bat um die Abordnung eines Militärkommandos. Ersteres wurde ihm genehmigt, letzteres versagt. Er stellte sich an die Spitze einer selbstgeworbenen Streifmannschaft, der sich auch sein treuer Amtsdiener Grau und der Konditor Bräunlein von Sulz anschlossen. Die Zigeuner Mattes und Hansjörg Reinhard sowie deren Schwägerin, die Bärbel, dienten als Kundschafter. Mit schnellem Marsch ging es zum Hohenstaufen. In aller Stille wurden zwei Streifen durchgeführt und hierbei »27 Personen Zigeunerwaar« eingefangen und dem Oberamt Göppingen übergeben. Der hierüber von der Regierung an den Herzog erstattete Bericht hebt rühmend hervor, wie sich der Oberamtmann Schäffer »mit ausnehmendem Diensteifer und wahrer Herzhaftigkeit betragen« und ebenso der Amtsdiener Grau und der Konditor Bräunlein auf mehr als eine Art ihr Leben in Gefahr gesetzt und sie sich dadurch der höchsten Gnade würdig gemacht hätten, »daß insonderheit dem Oberamtmann zu Sulz des Herzogs höchstes gnädigstes Wohlgefallen darüber zu erkennen zu geben sein möchte, maßen durch die Frechheit dieser Mörder, welche es nicht bloß bei simplen Diebstählen bewenden lassen, sondern mit weiterem Mord und Brand drohen, die öffentliche Sicherheit auf eine so unleidentliche Art gestört wird, daß diejenigen Beamten, welche sich zu deren Beifahrung und Ausrottung vorzuglüch gebrauchen lassen, alle Aufmunte-

Hannikel in einer zeitgenössischen Darstellung.

rung verdienen.« Leider entkamen Hannikel und seine Mordgesellen abermals – zu verdanken war dies den hohenrechbergischen Beamten, die im entscheidenden Augenblick ihre Rechtshilfe verweigert hatten. Doch die ellwangischen Obervögte von Waldstetten und Wäschenbeuren halfen, die Verfolgung fortzusetzen. Sie blieb ohne Erfolg.

Eine Stieftochter Hannikels, die in Sulz verhaftete Zigeunerin Legard, bot nun an, die Verfolger zu Hannikel zu führen. Als Bedingung forderte sie, anschließend freigelassen zu werden. Der Herzog genehmigte auf Antrag Schäffers ihre Freilassung und sicherte Legard nach Hannikels Festnahme lebenslänglichen Unterhalt zu. Zur gleichen Zeit aber erhielt der Oberamtmann nacheinander drei Schreiben des Präsidenten des Kriminaltribunals von Chur in der Schweiz, in denen ihm angezeigt wurde, daß am 3. August eine Bande in Zizers verhaftet worden sei und sich unter den Festgenommenen die vier Mörder des Grenadiers à cheval Pfister befänden. Man würde diese auf Verlangen an Württemberg ausliefern. Auf den sofortigen Bericht Schäffers an den Herzog erhielt er den höchsten herzoglichen Befehl, sich mit der erforderlichen Mannschaft schleunigst nach Chur zu begeben und die Mörderbande zurück nach Sulz zu bringen, damit die Rechte der Justiz an ihr vollzogen werden konnten.

Am 24. August brach so ein stattliches Kommando mit vertrauenswürdigen und mutigen Leuten, die Schäffer selbst aus seinem Oberamt ausgewählt hatte, auf zwei Wägen nach Graubünden auf. Der Oberamtmann selbst befehligte das Kommando zu Pferd. Er trug den Dreispitz, einen grauen Überrock, hirschlederne Beinkleider in Stulpstiefeln und regierte die Reitpeitsche mit kräftiger Faust. Das Kommando erreichte am vierten September Chur, und schon am neunzehnten desselben Monats zeigte Schäffer dem Herzog untertänigst an, daß er am Vorabend »zum Preis Gottes nach ausgestandenen vielen und großen Fatiguen von der ihm gnädigst aufgegebenen Reise mit der verruchten Zigeuner- und Mörderbande« nach Sulz zurückgekehrt sei.

Schäffers Reise in die Schweiz: Bericht an den Herzog

Da der Oberamtmann Schäffer von Sulz seinem Landesherrn, dem Herzog Karl, über das bei seinen Reisen zur Einfangung von Räubern verbrauchte Geld Rechenschaft ablegen mußte, stehen dem heutigen Leser einzigartige Zeitdokumente zur Verfügung, die nicht nur einen Rechenschaftsbericht über geleistete Dienste eines Beamten an den Landesherrn darstellen, sondern das Bild einer Zeit vermitteln, die in ihrer Einteilung in Seßhafte und Vaganten, in Bürger und Gesindel, eben erst die Kriminalität der Straße jener Zeit hervorbringen konnte. Da Schäffer weitschweifend von seiner Schweizer Reise berichtet und auch die durchstandenen Abenteuer nicht ausspart, sollen nachfolgend die Berichte möglichst vollständig wiedergegeben werden, wobei der Autor die oft umständliche und hölzerne, dem Landesherrn gegenüber unterwürfige Sprache dieser Zeit mit Rücksicht auf die bessere Lesbarkeit dem heutigen Sprachgebrauch angepaßt hat.

»Gnädigster Herzog und Herr! Dies war nicht nur neben noch vielen anderen Lobeserhebungen aller Großen, sondern auch die allgemeine Volkssprache in den hundert und etlich sechzig Städten und Dörfern, wodurch ich in der Schweiz und andern Ländern reisen mußte, und ich kann es nicht genug anpreisen, mit welcher großen Distinktion man mich aller Orten, besonders aber die redlichen und edlen Schweizer, behandelt haben, damit mir meine beschwerliche Reise einigermaßen erleichtert werden sollte. Ja, die geringsten Leute in der Schweiz und dem Bündner Land schienen es sich zur Pflicht gemacht zu haben, mir durch ihre Gebärden und ihr Bezeugen zu zeigen, welch große Devotion und Ehrfurcht sie für die Höchste Person Euer Herzoglichen Durchlaucht und auch Achtung für mich hegten, was sonst ihre Sache, wie man hie und da sagt, gegen Reisende nicht allemal sein soll. Schon in Schaffhausen als dem ersten Ort, den ich in der Schweiz betreten habe, erfuhr ich mit Vergnügen, daß ich die vielen Hindernisse und Umstände nicht werde übersteigen müssen, vor denen man mir so bange gemacht hatte. Der rechtschaffene erste Regent der Stadt Schaffhausen, Bürgermeister von Maienburg, der reichste in der ganzen Schweiz und ein Mann von wenigstens fünf Tonnen Goldes, war auf seinem Landgut Herblingen, als ich mich bei ihm melden ließ. Er schickte mir deswegen abends um halb neun Uhr seinen Kammerdiener in die ›Krone‹ und ließ mir sagen, daß, wenn ich ihm noch heute die Ehre geben und zu ihm kommen wolle, er mich nunmehr zu Hause erwarten würde; ich ging aber erst am Morgen, begleitet von einem Stadtdiener, zu ihm.

Er empfing mich auf der ersten Treppe auf das freundschaftlichste, führte mich in sein Zimmer und erwiderte mir, als ich meinen Auftrag vorgebracht hatte: ›All unsere Kantone und die meisten übrigen Obrigkeiten der Schweiz haben die Ehre, Sie schon längstens durch Ihre berühmte Jauner-Inquisition und Ihre vortreffliche Diebsliste, die der allgemeinen Sicherheit bisher schon so viel Ruhe verschafft, zu kennen, und ich versichere Ihnen, daß Sie aller Orten sehr willkommen sein werden und alles erwarten dürfen, was man Ihnen bei Ihrem wichtigen Auftrag nur zu leisten im Stande sein wird und auch zu tun schuldig ist.‹ Hierauf nahm ich meinen Abschied, und dieser in seinem Land so sehr große Mann begleitete mich bis vor die Haustür hinaus, worüber sich mancher Schaffhausener wunderte, was mir noch viel größere Achtung, besonders bei dem gemeinen Volk, einbrachte. In Zürich wurde ich von dem allerorts hochgeschätzten, berühmten und würdigen Geheimen Rat und Bürgermeister Kilchsperger auf die gleiche Art empfangen. In allen Straßen, durch ich gelaufen bin, wurde mir sogar von den kleinsten Kindern aufs höflichste begegnet, und Kilchsperger sagte vor der Haustüre, indem er meine Hand hielt, noch: ›Befehlen Sie, wann Ihnen was mangelt, und sagen Sie es nur meinen Gerichtsdienern. Es soll alles genau befolgt werden.‹ Beim Ein- und Ausfahren in die Stadt präsentierte die Schildwache das Gewehr, und die übrige Wache stand ›en Front‹, bis ich vorbei gefahren war, was ihr vermutlich befohlen worden sein wird.

In Altstetten im obern Rheintal hingegen kam ich am 1. hujus, nachdem ich elf Stunden an einem Tag gereist war, in der Nacht spät an. Der gescheite Kriminalist, der Fürstlich St. Gallische Pfalzrat und Stadtammann Gschwend, mit dem ich in Inquisitions- und andern Fällen wenigstens schon hundertfünfzig Briefe gewechselt habe, ließ aber auf mich warten, bis ich kam, und mir sogleich das Kompliment machen: Er wolle mich zwar heute nicht mehr incommodieren, weil ich sehr müde sein werde, morgen früh aber, da er schon lange und sehnlich auf meine Ankunft gewartet habe, um mich auch persönlich kennenzulernen, wolle er mich zum Frühstück in sein Haus abholen, und mir dann alles merkwürdige, soweit es die Zeit erlaube, in- und außerhalb der Stadt zeigen. Er und noch einige angesehene Standespersonen wetteiferten auch wirklich miteinander, mir den kurzen Aufenthalt von zwei Stunden angenehm zu machen, und als ich alles merkwürdige, besonders auch die guten Gefängnisse gesehen hatte, nahmen ich und Gschwend mit dem wärmsten Herzen Abschied voneinander, und mein Weg führte mich dem Fürstlich Liechtensteinischen Vaduz zu, wo ich wiederum übernachtete.

Und als ich am 3. hujus auch dieses Territorium zurückgelegt hatte, kam ich endlich zu der großen Vormauer des Bündner Landes, welche von einem Berg zum andern geht und dieses Land von dem angrenzenden scheidet, von hier aus zu dem ersten Wacht- und Zollhaus im Bündner Land an der St. Luci Staig, wo mir von der Wache das sehr höfliche Schreiben von dem ehemaligen holländischen und nunmehrigen Landeshauptmann und Stadtvogt der Herrschaft Maienfeld, auch Statthalter über die Grafschaft Kleven, Baron Engelberg von Moos Salenegg übergeben wurde. Und hier in Maienfeld übertraf dann alles das, was mir bis dahin allerorten erwiesen worden. Man war noch in der Kirche, als ich zum Tor hineinfuhr, und weil die Tore während der Kirche nicht geöffnet werden, mußte ich mich etwas verweilen und aussteigen. Kaum war ich aber ausgestiegen, so kam die Gemahlin des Bundeslandammanns Baron von Salis, bei dessen Haus ich halten mußte, zu mir herunter, invitierte mich in ihr Haus und führte mich an der Hand hinauf, wo sie mich mit ihren Fräuleins unterhielt, bis aus der Kirche gegangen wurde. Sobald der Baron von Engelberg unter dem Tor erfuhr, daß ich hier sei, eilte er mir mit dem Baron von Salis entgegen, umarmte mich auf das zärtlichste, ja mehr als leibliche Brüder zu tun im Stande sind, und unterhielt mich nebst der vortrefflichen von Salischen Familie von meiner beschwerlichen und gefährlichen, aber sehr ruhmvollen Reise einige Zeit, bis wir von seiner Mutter, der verwitweten französischen Obristen Baroness von Engelberg, da seine Gemahlin sich noch in Kleven befand, zur Mittagstafel abberufen wurden. Diese edle, sehr reiche und vortreffliche Dame empfing mich mit einer solchen Freundschaft und Herablassung, daß ich wohl einsah, wie lieb ihr der einzige Sohn sein mußte, der mich als seinen besten Freund bezeichnete, den er durch Korrespondenz in Inquisitionssachen von Kleven aus schon über ein Jahr zu kennen die Ehre habe. Hier übertrafen alle Kostbarkeiten und die herrliche Mahlzeit mit den raresten Weinen das, was ich in meinem Leben bei Leuten von diesem und höherem Stande jemals gesehen. Der Kammerdiener durfte mir nicht vom Sessel weichen, und die Obristin blieb wenige Minuten ruhig am Essen, damit sich doch ja nirgends ein Fehler ereignen möchte. Um mir aber noch weiter zu zeigen, welch ein angenehmer Gast ich ihnen bin, wurden nicht nur die drei Personen, welche ich zu meinem

Schutz bei mir hatte, ebenfalls auf das herrlichste bewirtet: Mallaga und der weit und breit berühmte Veltliner Wein wurden in Krügen vor sie hingestellt und von der Obristin immer selbst nachgesehen, ob sie doch alles recht bekämen und ihnen nichts mangle.

Auch der von Engelberg ließ bei seinem prächtigen Schloß, ohne daß ich davon wußte, beständig auf die Ankunft meines Kommandos warten, und als diese erfolgt war, führte er das ganze Kommando selbst in sein Schloß, erquickte die Leute zu aller Erstaunen mit dem besten Veltliner Wein, so viel sie trinken mochten und sprach ihnen immer selbst zu. Er ließ auch die Pferde von den zwei Wägen abspannen und ihnen im Schloßstall Futter geben, damit ja nichts abgehe und das ganze Kommando sehen konnte, wie sehr er ihren Anführer schätzte. An all diesen mir und meinen Leuten erwiesenen Ehrbezeigungen hatte aber der von Engelberg noch nicht genug. Er begleitete mich noch in seinem Wagen bis an das Wirtshaus bei der Malauser Zollbrücke, drei Stunden von Chur, wo er mir nochmals mit verschiedenen Erfrischungen aufwarten wollte. Ich konnte aber nichts mehr genießen und mußte mich mit Tränen in den Augen von ihm verabschieden und dem Ort meiner Bestimmung, Chur, zueilen, das ich auch abends um sieben Uhr glücklich erreichte.

Das Gerücht, daß ich mit Husaren käme, hat mir von der Zollbrücke bis nach Chur an der Landstraße ein Spalier von einigen tausend Zuschauern zugezogen, die die schönen herzoglichen Husaren als etwas äußerst seltenes im Bündner Land sehen wollten. Die Bauern kamen zwölf bis fünfzehn Stunden von ihren Alpen herunter, und viele Standespersonen reisten mir sechs, acht und mehr Stunden entgegen, ja selbst der große und verehrungswürdige Reichsgraf von Salis aus Zizers und der Reichsfürst von Dissentis empfingen mich eine halbe Stunde vor Zizers mit französischen Offiziers und hohen Cavallieren sehr freundschaftlich. Der Graf von Salis sagte zu mir: ›Ich habe Ihnen eine Mühe ersparen – und entgegen gehen wollen, damit sie sich in Zizers, weil es schon spät ist, nicht mehr aufhalten müssen. Ich hoffe Sie aber bei der Retour in meinem Schloß zu sehen.‹

Überhaupt fand ich in diesem demokratischen Staat die großen, auch die gemeinsten Leute ganz anders, als sie mir beschrieben worden waren. Sogar die Kinder zogen schon von fern ihre Hüte ab, und ich mußte zuletzt meinen Hut ganz in den Händen behalten, weil ich ihn nicht mehr oft genug abziehen konnte, wozu freilich auch das viel beigetragen haben mag, daß der zu Ilanz versammelte Bundestag, sobald auf diesem bekannt wurde, wann ich kommen werde, sogleich an alle Ortschaften, durch welche ich reisen mußte, die schärfsten Befehle erlassen hatte, daß man mir und all meinen Leuten bei hoher Strafe nicht die mindesten Hindernisse machen, sondern mir alle nur erdenklichen Höflichkeiten erweisen und alles genau befolgen solle, was ich in ein oder dem andern Ort zur Erleichterung der Reise verlangen werde. Er befahl sogar, mir einen reitenden Landsboten mit dem Zeichen der drei Bünde von Chur nach Maienfeld entgegen zu schicken, und einer der wackeren Churer Statthauptleute mußte mich auf der Malauser Zollbrücke erwarten, zu welchem ich mich, da man vor dem Zigeunergesindel noch nicht ganz sicher sein konnte und immer an Waldungen vorbei reisen mußte, um unserer Sicherheit willen auf sein inständiges Verlangen in den Wagen setzen mußte.

So reisten wir dahin, voraus ritt der Landbote, ohne daß ich wußte, was die Anwesenheit dieser beiden Personen bedeuten sollte, bis wir endlich in Chur im ›Löwenhof‹ bei dem Pfleger Matheis, der mir ebenfalls bis Maienfeld entgegengefahren war, ankamen. Auf meine Frage erfuhr ich von ihm, daß die beiden Personen vom Bundestag abgeordnet worden waren, damit das gemeine Volk sehen konnte, welch große Achtung es mir zu erweisen schuldig sei, und daß mir kein Leid widerfahren solle, das die Obrigkeit, besonders bei einem solchen im Bündner Land noch nie gesehenen großen Kommando, mit dem Gewehr nicht unbedingt hätte verhüten können, wenn nicht solche Maßregeln ergriffen worden wären. Ich pries im Innern meinen Gott über die so wider alle Erwartung herrlich getroffenen Maßnahmen und daß er mich die Hinreise so gesund und glücklich zurücklegen ließ, auch daß die Hauptarbeit nun ihren guten Fortgang nehmen konnte, woran ich um so weniger zweifelte, als mir das hohe Kriminal-Tribunal-Gericht der drei Bünde noch in der Nacht durch seinen Sekretär Abiß zur Ankunft Glück wünschen und melden ließ: daß ich nur befehlen möchte, wann ich am Morgen auf dem Rathaus erscheinen und meinen Auftrag vor ihre Weisheiten vorbringen wolle. Die Zeitbestimmung überließ ich dem hohen Kriminal-Tribunal-Gericht.

Am 4. hujus erschien dann morgens um neun Uhr wieder der Sekretarius Abiß mit dem Auftrag bei mir, daß er von Ihren Weisheiten des hohen Kriminal-Tribunal-Gerichts den Befehl habe, mich auf das Rathaus zu begleiten, was auch unter unzählbarem Zulauf des Volks um neun Uhr geschah. Dort empfing mich das hohe Kriminal-Tribunal, und als ich mich zur Rechten des Kriminal-Präsidenten und Stadtvogts von Chur, des Doktor Medicinae Bawiers, niedergesetzt hatte, hielt dieser bei offenen Türen eine flozlange Rede über den Gegenstand unserer Zusammenkunft, worauf ich ganz kurz antwortete. Endlich nach zehn Uhr ließ Bawiers einen nach dem andern von den Verhafteten vorkommen, wobei das versammelte Volk sich laut äußerte, daß es wünschte, daß mein Verhör, obwohl es nur summarisch war, bis in die Mitternacht hinein dauern sollte, weil es von seinem Bawier dergleichen noch nie gehört hatte, und auf mich nicht genug Acht geben könnte. Solches erwähnten auch mit viel Vergnügen die fürstlichen Bediensteten hernach im Schloß gegenüber meinen Leuten.

Bei diesem Verhör gaben zwar die sechzehn Verhafteten einer nach dem andern ihre Namen falsch an, sobald ich aber meinen Zigeunerkundschafter, den Hans Jerg Reinhard, zu jedem vorkommen ließ und er ihnen mit vergnügten Gebärden frei ins Gesicht sagte, wer sie seien, leugnete keiner mehr seinen Spitznamen, bis endlich zuletzt auch die Reihe an den Erzböswicht, den Hannikel, kam. Dieser wollte absolut nur der Kilian Schmid und nicht der Hannikel sein. Auch alle Vorhaltungen, die ich ihm machte, daß er der wahre Hannikel sei, waren vergebens. Ja sogar den hervorgerufenen Kundschafter Reinhard wollte er in seinem Leben nie gesehen, noch viel weniger gekannt haben. Das brachte den Reinhard so sehr in Unwillen, daß er Hannikel bei der Nase packte und ausrief: ›Kennst Du mich nicht, du Mörder! Weißt Du nimmer, wie oft ich und mein Bruder Dich früher fortgejagt haben, da wir Dich und Deine liederlichen Leute nicht in unserer Gegend dulden wollten, weil Ihr immer nur aufs Rauben und Stehlen ausgegangen seid? Weißt Du nicht‹, sagte er, an seine Nase langend, ›was du schwarze Seele dem Toni, das heißt dem Christoph Pfister, mit den übrigen bei Reutlingen getan hast! Und bist nun so unverschämt, alles zu leugnen, du Böswicht, du Teufel, gehe in dich und rette deine Seele, denn hier gilt kein Lügen mehr.‹ Dies war aber alles in den Wind und dazu zu dem verstocktesten Herzen gesprochen. Hannikel blieb ein für allemal dabei, daß er keinen Landnamen führe und immer Kilian Schmid geheißen habe, auch ein gelernter Jäger sei.

Ich ließ endlich noch zum Überfluß seine beiden Brüder, den Geuder und den Mörder Wenzel vorkommen, die auf Befragen, wer dies sei, standhaft antworteten, es sei ihr Bruder, der Hannikel! Nun träumte mir nicht mehr, daß er's weiter leugnen würde. Als ich ihn aber befragte: Er werde doch jetzt bekennen, daß er den Namen Hannikel unter den Zigeunern führe, antwortete er zum Erstaunen aller Anwesenden: ›Nan au! Ich habe keinen andern Namen als Kilian Schmid, ich heiße nicht Hannikel!‹ Worauf ich diesen verstockten Böswicht, da ich überzeugt war, wer er ist, wieder abführen ließ, und den Stadtdienern befahl, ihn wiederum im Bock zu schließen, in dem er bis zum Abmarsch verharren könne. Und so endete nachmittags um halb zwei Uhr das Verhör auf dem Churer Rathaus. Vor dem Weggehen erklärte mir das Kriminal-Tribunal, daß es gleich nach Tisch und morgen früh auf dem Rathaus wieder zusammenkäme und die Unkosten regulieren wolle, damit ich danach am Sechsten abreisen könne.

Ich bekam auch endlich am Fünften, aber erst nachts nach acht Uhr die Kostenconsignation durch den Sekretär und bestellte dann meine Abreise auf morgens vier Uhr. Meine Wache, der Kundschafter Reinhard und der Hatschier Hilzinger, sollten mich um 2 Uhr wecken. Gleich nachdem ich eine Suppe gegessen hatte, legte ich mich ins Bett. Aber o Gott! Welch eine Nacht war vor mir! Ich schlief mit den Gedanken ein, daß ich bis drei Uhr sämtliche Verhafteten aus ihren Gefängnissen sicher auf meine zwei Wägen schließen lassen mußte, da pochte um zwei Uhr meine Wache schrecklich an die Tür und schrie aus vollem Hals, der Hannikel sei fort! Ich glaubte, beide liefen im Schlafe umher und hielt es für eine gänzliche Unmöglichkeit, weil ich den Böswicht am Abend zuvor noch selbst im Bock fester am Hals, an den Händen und den Füßen anschließen ließ, und dazu noch eine Wache für die ganze Nacht bezahlt hatte. Die Geschichte war aber mehr als nur wahr, und nur diejenigen, deren Herz so sehr an der Ruhe für die allgemeine Sicherheit wie das meine hängt, können es nachempfinden, wie mir zu Mute war, bis ich mich angekleidet hatte. Ich konnte kein Wort mehr sprechen. Ich war wie tot, und wußte nicht, was ich anfangen sollte. Endlich nahm ich meine Zuflucht zu dem edlen und rechtschaffenen Bundespräsidenten Baron von Salis, bei dem ich tags zuvor bei einer herrlichen und in den Weinen noch kostbareren Mittagsmahlzeit als in Maienfeld mit anderen großen Gästen war.

Ich eilte so schnell wie möglich in sein Haus, ließ ihn um drei Uhr morgens aufwecken und bat ihn um seinen gütigen Rat, was ich nun anfangen solle. Er erschrak ebenfalls sehr über den abscheulichen Vorfall, tröstete mich, soviel er konnte, und riet mir, den Stadtvogt Bawier sogleich zu wecken und ihn ersuchen zu lassen, aller Orten auf den Straßen, welche der Hannikel passieren könnte, Leute hinzustellen und die Steckbriefe so schnell als möglich auszuschicken. Der an und für sich in allen Sachen äußerst langsame Dr. Bawier machte dann, da es ihm noch zu früh war, einige Anstalten, die mir gar nicht gefielen. Ich bat daher meinen sehr raschen Wirt, den Pfleger Matheis, daß er alle Bürger, so viele er für nötig hielt, ohne weiteres aufwecken und mit ihnen abziehen solle, wohin er's für gut befinde. Dieser wackere, von der Einfangung der Banditen her aller nur erdenklichen Wege in den Bergen und Alpen kundige Mann ließ sich solches äußerst angelegen sein. Und ein jeder Bürger war bereit zu streifen, da alle über die Entweichung des Räubers sehr aufgebracht waren. Ungeachtet dessen, daß in diesem demokratischen Staat die Herren Bürger, wie sie sich nennen, tun können, was sie wollen, dergleichen wenig vorkommt und nicht üblich ist.

Sobald nun die nötige Mannschaft beisammen war, reiste um vier Uhr morgens der Pfleger Matheis mit den Männern ab. Er schickte sie auf alle Straßen, die der Hannikel passieren dürfte, er selbst hingegen durchritt zu Pferd die ersten Wege und Schlupfwinkel, welche Hannikel gehen mußte, besonders bei Trimes, und gab zugleich dem Grafen von Salis von der Entweichung Nachricht. Ich aber stolperte in- und außerhalb der Stadt auch an einigen Bergen herum, auf denen viele Leute waren, die ganz entrüstet über die schlechte Aufsicht ihrer Obrigkeit und hauptsächlich der Stadtknechte waren und sich alle nur ersinnliche Mühe gaben, den Entwichenen wieder zu bekommen. Gegen sieben Uhr begab ich mich ganz matt und müde nach Haus, um auf dem Rathaus meine Sache ernstlich vorzubringen, da ich wohl wußte, daß Hannikel unmöglich hätte entfliehen können, wenn ihm die liederlichen Stadtknechte nicht zur Flucht behilflich gewesen wären. Noch ehe ich aber auf das Rathaus gehen konnte, besuchte mich der ebenso edel denkende als rechtschaffene französische Obrist Baron von Salis und sprach mir Mut zu, so viel er konnte, indem er anfügte: Es wäre besser, die Stadt hätte 1000 L'dors verloren, als daß ihr dieser gottlose Streich geschehen wäre. Ich solle ruhig dabei sein, weil ich nicht den mindesten Anteil daran und bisher meinen Auftrag in allen Teilen erfüllt

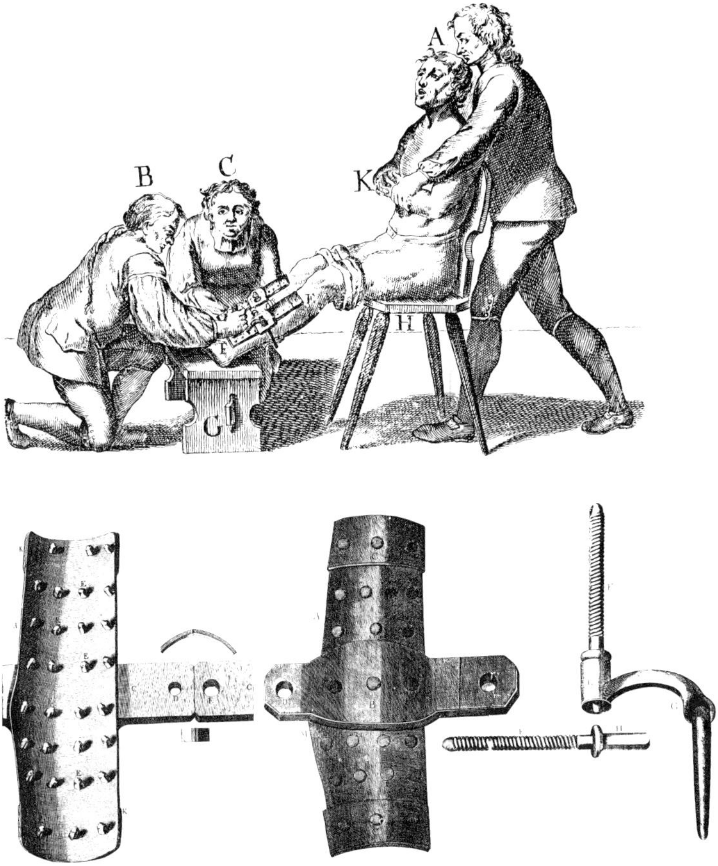

Bei der »peinlichen Befragung« wurden zur Folter auch Schraubstiefel angelegt.

hätte. Vielleicht werde der Kerl doch wieder eingefangen und der Rache der Gott geheiligten Justiz nicht entgehen, so hoffe er für sich in seinem Inneren ganz zuverlässig zu Gott. Er umarmte mich voller Wärme, wünschte mir, wie am Abend vorher, noch tausend Glück zu meiner beschwerlichen Reise, und ich begab mich nach seinem Weggehen zu dem versammelten Kriminal-Tribunal auf das Rathaus, wo ich in einem ganz ernsthaften und beherzten Ton alles vorbrachte.

Der Präsident Bawier wollte von einer Zurückgabe der bereits bezahlten Unkosten wegen dem Entweichen des Hannikel nichts wissen und kündigte mir einige Restitutionen an, ohne den Konsens seiner zwei übrigen Kollegen vorher einzuholen, rund ab. Ich wußte aber schon, wie diese zwei Landrichter, welche von den übrigen zwei Bünden vom Land jedesmal beim Kriminal-Gericht sein müssen, zu mir gesinnt waren, denn der Landrichter de Montalto von Lax logierte neben mir, und ich hatte bereits bei ihm alles so unterbaut, daß ich schon wußte, wie er und sein Kollege, des Landrichters von Planta von Malans Amtsverweser, diesbezüglich gesinnt waren. Ich konnte ihm daher ernsthaft ins Gesicht sagen: Die Obrigkeit möchte ich doch auch sehen, die mir sagen würde, etwas zu bezahlen, was ich nicht habe, und an dessen Entweichung ich nicht die mindeste, sondern die liederlichen und pflichtvergessenen Stadtknechte alleinige Schuld hätten. Ich bezahle ein für alle Mal für den Hannikel nichts, es möge auch gehen, wie es wolle, man solle diejenigen damit bestrafen, die ihn fortgelassen haben, und ich nahm sofort mit dem Beisatz Abschied, daß ich längstens in einer halben Stunde eine Antwort erwarte, da ich nicht mehr zwei Tage hier zu bleiben gedenke.

Dieses ernsthafte Auftreten zeigte eine gute Wirkung, und ich hatte kaum mein Logis betreten, als mir schon der Secretarius Abiß folgte und mir die Mitteilung überbrachte, daß die Weisheiten beschlossen hätten, an der Rechnung für den entwichenen Hannikel 150 fl. abzuschreiben.

Unter diesen und anderen Beschäftigungen, bis die Verhafteten in mein Quartier gebracht worden waren, weil ich nicht mehr traute, diese noch eine Nacht im Gefängnis sitzen zu lassen, verstrich der Sechste nach und nach. Nachdem eine Partie Streifer nach der anderen zurückgekommen waren, kam endlich auch der Pfleger Matheis nachts nach sieben Uhr halb tot zurück, weil er von morgens vier Uhr an nichts als etwas Milch und sein fast totgerittenes Pferd etwas Gras auf den Alpen bekommen hatten. Er war gleich zwei Stunden von Chur auf die Spur des Hannikel gekommen, konnte ihn aber nicht mehr erreichen. Jedoch gab er auf den Alpen Anordnungen, daß man drei Tage hintereinander die Wege über die Gebirge Tag und Nacht besetzt halten und äußerst Acht auf den flüchtigen Hannikel geben sollte, damit er nicht über das Gebirge komme, und er sagte mir zugleich, er vermute, der Graf von Salis werde den Hannikel wieder auftreiben. Dieser für die allgemeine Sicherheit, ja sogar mit Gefahr für sein Leben alles wagende, in allem große und edle Reichsgraf hat fast einen Schlaganfall bekommen, als ihm der Pfleger Matheis mitteilte, daß der Hannikel ausgebrochen ist. Und des Grafen Schwägerin, die Majorin von Salis, fiel aus Alteration und Angst um das Leben ihres Schwagers in ein Fieber, das sie sogleich ins Bett warf, so daß man noch am gleichen Tag zwei Doctores herbeiholen mußte. Der Graf von Salis hingegen erholte sich gleich wieder von seiner großen Alteration, ließ durch die Sturmglocke 80 Mann zusammenrufen und begab sich mit diesen und seinen Jägern so schnell als möglich auf das Gebirge, welches nach den Gerüchten der Hannikel betreten hatte. Auf diesem viele Stunden weiten Gebirge zerteilte der Graf seine Leute, so weit wie möglich, er selbst aber durchstreifte mit seinen Jägern bis in die späte Nacht die Hauptwege und Fußpfade, welche verdächtige Leute zu wandern pflegen. Und als ihn die Nacht nach Hause rief, stellte er seine Jäger mit den nötigen Bauern auf die verdächtigen Plätze, wo sie die ganze Nacht hindurch bleiben sollten, und befahl ihnen bei einer harten Leibesstrafe, sobald der Tag wiederum anbreche, ohne Unterlaß auf dem Gebirge herumzustreifen und nicht aufzugeben, bis sie auf die Spur des Hannikels gekommen seien und ihn wiederum verhaftet hätten.

Während diesem fleißigen und unaufhörlichen Nachsuchen marschierte Hannikel gegen Sargans, um sich von da aus in das Walliser oder Clarer Land durchzuschlagen und so den Streifern ganz zu entkommen. Zum Glück hatte es aber am Sechsten und Siebten einen tiefen Schnee auf den Bergen um Sargans herum geschneit. Da Hannikel sich nicht getraute, über diesen Schnee zu gehen, um nicht verraten zu werden, ging er wieder eine halbe Stunde Wegs zurück, um eine andere Straße zu suchen. Bei diesem Rückmarsch stieß er auf einen Bauern, der auf seiner Alp geöhmded und mit zwölf bis fünfzehn Personen am Mittagessen saß. Diese Leute redeten, gerade als Hannikel zu ihnen kam, miteinander über die Churer Diebe. Er fragte sie sogleich, was sie da sprachen, und sie erwiderten ihm, sie hätten gesagt, daß man heute die Churer Diebe abführe, sie möchten solche nur auch sehen. Seine Antwort war: Er habe solches auch gehört, er möchte die Diebe doch auch sehen. Worauf er sich zu den Leuten hinsetzte und um etwas Essen bat, das ihm gereicht wurde. Nach dem Essen nahm er von den Leuten Abschied, setzte seine Flucht, immer in den Teppich eingewickelt, den er aus dem Gefängnis mitgenommen hatte, damit man sein Kleid nicht sehen konnte, so schnell als möglich fort, um den Streifern zu entweichen.

Er war aber kaum eine halbe Stunde von den Bauersleuten weg, da kam ein Jäger des Grafen, der auf die Spur Hannikels gekommen war und sich halb tot gelaufen hatte, zu ihnen und fragte sie: ob sie nicht einen Kerl von der Postur des Hannikel gesehen hätten? Worauf sie ihm die fröhliche Nachricht gaben, daß ein solcher bei ihnen gesessen und vor einer halben Stunde seinen Weg wieder weiters genommen habe. Der eifrige Jäger wurde nun wieder ganz lebendig und spürte nimmer, daß er in zweimal vierundzwanzig Stunden wenig Ruhe gehabt hatte. Er verdoppelte vielmehr seine Kräfte, ließ alle Bauern und Knechte, die er in der Schnelle auf den Alpen fand, zusammenbringen, und nach einem kurzen Bericht, was der entwichene Bösewicht für Übeltaten auf seiner Seele liegen hat und wie viel der allgemeinen Sicherheit daran liege, ihn wieder zur Verhaftung zu bringen, besonders damit er kein unschuldiges Menschenblut mehr vergießen könne, brannte die zusammengebrachte Mannschaft vor Eifer, auf ihn loszugehen und erinnerte den Jäger daran, keine Zeit mehr zu verlieren, sondern die Jagd anzuordnen. Der Jäger verteilte hierauf die Mannschaft so, wie sie es bei Bärenjagden zu tun gewohnt ist. Er ließ sie ordentlich in einem großen und weitläufigen Zirkel treiben, als wenn sie wirklich auf der Bärenjagd wäre, damit der Flüchtling um so weniger entkommen konnte und er nicht, wenn er irgendwo liegen sollte, gleich merkte, daß die Jagd auf ihn ausgerichtet war.

Sie setzten die Jagd in vollem Eifer gegen eine Stunde fort, und endlich sahen sie ganz unverhofft Hannikel mit einer großen Baumstütze in der Hand und mit dem Teppich umwickelt getrost einhermarschieren, ohne daß er an einen Streifer gedacht hätte. Er wußte lange nicht, daß diese Jagd auf ihn gerichtet war und lief immer seines Weges weiter, bis er sich auf einmal von Jägern und Bauern ganz umringt und seine Gefahr plötzlich vor Augen sah. Der Jäger des Grafen, der schon das erstemal half, Hannikel einzufangen, erkannte ihn gleich als den Hannikel und rief den Bauern zu, daß dies der Mörder wäre, worauf alle wie rasend auf ihn eindrangen.

Kaum nahm er aber die Gefahr wahr, in welcher er sich aufs Neue befand, da stellte er sich ganz beherzt und brutal mit der Baumstütze in der Hand auf seinen Platz hin und rief den Bauern mit trotziger Stimme zu, was dies für eine Manier sei, auf ihn so loszugehen. Er sei höchst unschuldig und ein gelernter Jäger, sie sollen ihn passieren lassen, oder sie würden ihr Wunder erfahren. Die Jäger aber lachten nur über diese Bedrohung, und ein zu nahe gekommener Bauer, dem er mit der Stütze eines auf den Kopf versetzen wollte, schlug Hannikel mit seinem Prügel dergestalt auf die Hand, daß er die Stütze fallenließ und seine Flucht in größter Eile über einen vielleicht vier Kirchtürme hohen, steilen Berg nahm. Noch ehe er aber die Spitze des Berges erreichen konnte, packte ihn einer der ihm nachspringenden Bauern an der Gurgel, und beide rumpelten so aneinander geheftet, immer einer über den andern, den ganzen Berg hinab über Hecken und Stauden, bis sie aufs flache Land kamen, wo gleich alle von den Wiesen zusammenliefen und den Bauern, der den Hannikel immer noch am Hals hatte, von seiner Last befreiten. Zwei Bauern führten Hannikel dann, jeder an einem Arm, ernst und beherzt fort, bis sie über einen Graben gehen mußten. Da wußte der Böswicht die beiden Bauern auf eine ganz besondre Art hinwegzuschleudern, als wenn sie ihn nie geführt hätten. Abermals von einer Angst erlöst, rannte Hannikel wie ein Tiger davon. Aber alle, die nur laufen konnten, schrien ihm nach und verfolgten ihn, bis wiederum ein Bauer ihn an den Haaren ergriff und zu Boden reißen wollte. Aber das Haar blieb dem Bauern in der Hand, und Hannikel war wieder auf freiem Fuß, bis endlich seine Flucht durch Gottes Hilfe enden sollte. Er kam nämlich zu allem Glück an einen hohen Zaun, über welchen er springen oder sich gefangen geben mußte. Hier versuchte er zwar einen großen Sprung, wie die Bauern noch nie einen gesehen hatten, vermutlich aber nicht hoch genug, und er blieb mit den Füßen am Zaun hängen, so daß endlich der letzte Augenblick seiner Freiheit gekommen war. Einer der Bauern, die ihn beständig verfolgt hatten, sprang beherzt auf ihn zu, und weil er sich noch immer wehren wollte, schlug er ihn dergestalt auf die Nase, daß ihm eine Zeit lang Sehen und Hören verging und er ganz betäubt auf der Erde lag.

Währenddessen kamen die Jäger des Grafen mit den übrigen Bauern von dem Gebirge herab und ebenfalls dazu. Sie banden dem Hannikel die Hände und Füße mit Stricken, die sie bei sich führten, so zusammen, daß er sich nicht mehr rühren konnte, und führten ihn auf einem Karren zu der Obrigkeit nach Ragaz, wohin mein Wirt, der Pfleger Matheis von Balzers aus auch noch kam und ihn sogleich zu mir nach Vaduz ausgeliefert wissen wollte, wozu auch der Fürst (Abt) von Pfeffers für seinen Distrikt ohne weiteres Bedenken die Einwilligung und vorher noch die sehr lobenswürdige Erlaubnis gab, daß wenn der Mörder wider Vermuten in seine Kirche geflüchtet sein sollte, man alles drinnen aufsuchen dürfe, und er ihn selbst herausführen wolle, wenn er dort angetroffen würde, so erbittert waren alle über diesen Böswicht. Der Landvogt von Sargans aber bekam gleich von der Arretierung des Hannikel Nachricht. Alsbald kam er selbst nach Ragaz, wo er dem Matheis erklärte, daß der Kerl vorher verhört werden müsse, ob er derjenige sei, der in Chur durchgebrochen. Derzeit dürfe er nicht nach Vaduz zurückgeführt werden, sondern müsse auf das Schloß Sargans gebracht werden, was auch gleich geschah, so daß dem Landvogt von dem Matheis nur noch angekündigt werden konnte, daß er in allen Fällen für den Kerl haften müsse, oder er möge sehen, wie es ihm ergehe, denn dies sei kein anderer als der in Chur aus dem Gefängnis entwichene Böswicht Hannikel.«

Soweit der erste Bericht, den Georg Jacob Schäffer am 24. Sept. 1786 über seine Reise zur Rückholung der Hannikel-Bande in die Schweiz an den Herzog erstattet hat. Zwei Tage später setzt er seinen Bericht fort:

»Sulz den 26. Sept. 1786. Oberamtmann Georg Jacob Schäffer holt den Bericht über den Rest seiner Churer Reise untertänigst nach. In meinem letzten von meiner abgeschlossenen Churer Reise erstatteten untertänigsten Bericht bin ich bei Sargans stehengeblieben, wohin der verruchte Hannikel am 7. h. von Ragaz ausgeliefert worden war. Während all dies passierte und die Einfangung des Hannikel gelungen war, reiste ich am Donnerstag, morgens um sechs Uhr, von Chur ab und kehrte bei dem Grafen von Salis in Zizers ein, um Abschied zu nehmen. Er empfing mich vor seinem äußeren Schloßtor an der Straße auf eine ganz besonders freundschaftliche Weise. Er hob mich aus der Kutsche und führte mich nebst seiner Gemahlin, die mir unter dem Schloßbogen mit dem Fürsten von Dissentis entgegenkam, in das Schloß. Gleich beim Eintreten und während des Schokoladetrinkens äußerte der Graf mir mit allen Anwesenden sein großes Mißfallen und Leidwesen über die Entweichung des Hannikel und die schlechten Anstalten des Churer Stadtvogts Bawiers noch in der letzten Nacht, als ich am Morgen fortwollte, und redete mich zugleich mit folgenden schmeichelhaften Worten an:

›Mein lieber Herr Oberamtmann! Ich habe Sie um der großen Verdienste willen, die Sie sich besonders in wichtigen Kriminal-Fällen in der Schweiz und anderer Orten bisher erworben haben, schon längstens in meinem Innern geliebt. Und nun schätze ich Sie noch mehr, da ich das Vergnügen habe, Sie auch persönlich kennenzulernen und von Ihnen selbst zu hören, wie unermüdlich Sie Tag und Nacht an dem Wohl und der Ruhe der allgemeinen Sicherheit arbeiten. Denn wenn diese einmal gehemmt wird, so werden wir vor Böswichten nicht mehr sicher im Hause sein. Kein Staat, kein Fürst kann eine solch edle und ruhmvolle Tat aufweisen als Ihr großer Reichsfürst, der durchlauchtigste Herzog, der diese Anliegen durch Sie mit großen Kosten vollziehen laßt. Und eben deswegen kann ich meinen äußersten Unwillen über die ganze Stadt Chur nicht genug an den Tag legen, daß noch in der letzten Nacht der größte Böswicht entkommen mußte, auf den die Obrigkeit am meisten hätte acht geben lassen sollen. Diese Schandtat soll den Churern zum ewigen Andenken aufgezeichnet werden, und ich will sie vor dem Bundestag verschreiben, daß sie an mich denken sollen. Nur Sie allein dauren mich bei der ganzen Sache, daß Sie eine so weite Reise gemacht haben, und jetzt erst den ärgsten Böswicht nicht mitbringen sollen. Doch ich versichere Ihnen, Sie sollen den Hannikel wieder haben, und wenn er mich aus meinen eigenen Mitteln noch drei- bis viertausend Gulden kosten sollte. Ich habe ihn das erste Mal eingefangen, und er soll der strafenden Gerechtigkeit nicht entgehen und kein Unglück und Unheil auf der Welt mehr anrichten, es mag kosten, was es wolle. Um Ihrem großen Durchlauchtigsten Regenten zu zeigen, wie sehr ich ihn verehre, und wie groß mein Vergnügen ist, daß Sie als Beamter einen solch weiten und beschwerlichen Weg kamen, um eine Mörder- und Räuberbande abzuholen, damit die in göttlichen und weltlichen Gesetzen festgesetzte Strafe an ihnen vollzogen und durch sie kein unschuldiges Menschenblut mehr vergossen werden kann. So habe ich bei mir bereits fest beschlossen, wenn der Böswicht heute nicht noch eingefangen wird, morgen über den gefährlichen Wallstädter See zu fahren und in das Glarer Land zu gehen, um dort Vorkehrungen zu treffen, daß, wenn der Böswicht sich irgendwo sehen läßt, wie ich nicht zweifle, er gleich beim Kopf genommen und an mich hierher ausgeliefert wird, da ich ihn dann nicht mehr nach Chur, sondern gleich Ihnen nach Sulz schicken werde. Wenn er einmal in Ihren Händen ist, dann weiß ich schon, daß er nicht mehr entkommen wird. Ich hoffe aber immer noch in meinem Innern zu Gott, daß meine Leute, die auf eine Spur von dem Böswicht gekommen sein müssen, weil ich gar keine Nachricht von ihnen erhalte, ihn heute noch einfangen werden, und ich ihn Ihnen noch zum Abend nach Vaduz in das Nachtquartier nachschicken kann, denn es ist nicht möglich, daß er die Alpen schon ganz passiert hat. Und wenn meine Leute auf eine Spur gekommen sind, so kriegen sie ihn heute gewiß noch. Reisen Sie also nur getrost ab.‹

Nach diesen und anderen auch von dem alten edlen Fürsten weiter geführten Reden nahm ich endlich meinen Abschied, dankte dem Grafen in devoten Ausdrücken, die seinen edlen Handlungen angemessen waren, konnte ihm aber nach allen Umständen wenig Hoffnung zur Wiederhabhaftwerdung des Hannikel geben, weil ich nicht vermutete, daß er so dumm sein und bei Tag laufen werde, sondern sich bis in die Nacht an einem steilen Berg in ein Loch legen und dann erst weitermarschieren werde, so daß es schlechterdings unmöglich gewesen wäre, ihn zu bekommen. Der Graf begleitete mich mit seinen Leuten zurück bis zur Kutsche auf die Straße vor das Schloßtor hinaus, wünschte mir noch einmal eine glückliche Reise, und ich fuhr einigermaßen getröstet, aber voller Gedanken über den vortrefflichen Grafen, Maienfeld zu, bis ich unterwegs von einem Expreßreiter gestört wurde, der mir ein Schreiben vom 7. hujus von meinem Freund, dem Baron Engelberg, überreichte, woraus Euer Herzogliche Durchlaucht gnädigst zu ersehen geruhen werden, daß sein auf die erhaltene Nachricht zur Suche nach dem Hanikel parat gehaltenes Grenadierkommando sich nach dem eingegangenen Steckbrief alsbald in Bauernkleidung umkleiden und Felder und Wälder durchstreifen müßte. Er selbst aber visitierte mit seinem braven Grenadiersergeanten die Zoll- und Rheinbrücke und gab mir zugleich Nachricht, daß tags zuvor auf dem Fürstlich Liechtensteinischen Territorium aller Orten eine große Menge verdächtiges Volk gesehen wurde, weshalb bei meinem Transport alle mögliche Vorsicht geboten und er zu aller Hilfe immer bereit sei. Der Expreßreiter, welcher mir dieses Schreiben brachte, eilte wiederum schnell zurück nach Maienfeld, und als ich dort nach zehn Uhr ankam, war zu meinem Erstaunen schon wieder eine große Mahlzeit parat, von der ich, da ich nicht lange anhalten konnte, um vor Nacht noch Vaduz zu erreichen, auf dringendes Bitten der Obristin von Engelberg mit meinen Leuten absolut etwas genießen mußte, so daß nicht alles umsonst gekocht sei. Die bei mir befindlichen Leute bekamen wie das erste Mal Mallaga und Veltliner Wein, und das Kommando noch einen Trunk, bevor wir abreisten.

Den Hauptmann von Engelberg traf ich nicht zu Hause an, weil er mich erst am Freitag oder Samstag erwartete. Er war auf der Jagd, um wieder streifen zu lassen, ohne daß es bekannt würde. Sobald aber der Expreßbote meine Ankunft gemeldet hatte, schickte die Obristin ihm gleich den Reitknecht mit dem Pferd entgegen, und in einer Viertelstunde war er bei uns im Schloß und nahm nur geschwind etwas Essen zu sich, um mich begleiten zu können. Währendessen brachte er aber auch von seinen zweihundert Grenadieren, die alle zerstreut auf dem Feld arbeiteten, dreißig mit zwei Unteroffizieren, die uns durch die dichten und mit Lumpenpack gefüllten Waldungen, welche sich auf beiden Seiten der Landstraße bis in das Liechtensteinische befanden, begleiten sollten, damit mir und meinem Kommando nichts Böses widerfahren könne. Beim Einsteigen in Engelbergs Wagen mußten die Grenadiere das Gewehr präsentieren und dann den Wagen in die Mitte nehmen, ein Teil aber immer voranmarschieren und diejenigen Plätze, auf welchen das Lumpengesindel bei Tag zu lagern pflegt, so lange besetzen, bis wir und das Kommando vorbei waren. So wurde ich mit meinen Leuten ganz sicher sieben Stunden lang bis an die Fürstlich Liechtensteinische Grenze begleitet und hier an dem Grenzstein von den Grenadieren nochmals mit der Präsentierung des Gewehrs zum Abschied beehrt, worauf sie wieder nach Maienfeld zurückkehrten, mein Freund Engelberg mich aber vollends bis in den Liechtensteinischen Flecken Balzers oder Balßren begleitete, wo wir dann auch den zärtlichsten Abschied voneinander nahmen, weil wir wohl voraussehen konnten, daß wir einander so bald nicht mehr sehen würden.

Ich eilte danach Vaduz zu, um das nötige für mein Kommando zu bestellen, damit die Zigeuner im Wirtshaus wohl verwahrt werden konnten, und um mich bei dem Liechtensteinischen Landvogteiamt zu legitimieren, so daß man sich beim Eintreffen des Transports nicht mehr lange aufhalten mußte. Der Landvogt Gilm von Rosenegg empfing mich wie alle bisherigen Obrigkeiten mit vielen Fremden, die ihn, um meinen Transport zu sehen, besuchten, ebenfalls auf das höflichste. Er bot mir alle seine Dienste an, die er bei diesem wichtigen Fall zu leisten im Stande sei und bedauerte auch mit allen Anwesenden, daß der Hannikel auf eine solch liederliche Weise entkommen sein sollte und ich ohne ihn zurückkehren mußte. Wir waren bei diesem Gespräch noch keine Stunde zusammen und die Zigeuner kaum in ihren beiden Kammern aufgehoben, so daß ich einigermaßen ruhig beim Landvogt sein konnte, als dieser einmal zum Fenster hinaus und in der Ferne den Postmeister von Balzers so schnell als nur sein Pferd laufen konnte daherreiten sah, worauf der Landvogt mir sehr vergnügt zurief: ›Der Postmeister von Balzers reitet ganz erschrecklich daher! Geben Sie Acht! Man wird den Hannikel wieder haben.‹ Ich konnte diese Ankunft kaum erwarten, mein niedergeschlagener Geist wurde aufs Neue belebt, und noch ehe der Postmeister die Landvogtei erreichte, rief ich ihm schon entgegen, was er wolle? Er sprang so geschwind als möglich vom Pferd, ließ dieses nur laufen und eilte mir mit der Nachricht entgegen: Der Baron von Engelberg lasse mir neben seinem großen Kompliment nur sagen, daß der Hannikel in Ragaz wieder gefangengenommen worden sei. Ich sei noch keine viertel Stunde von ihm in Balzers weggewesen, da habe er einen Boten vom Grafen Salis bekommen, daß er mir eilends eine Stafette wegen der Wiederergreifung des Hannikel nach Vaduz schicken solle, damit ich nicht weiterreise. Der Pfleger Mathis wäre übrigens gleich von Balzers aus nach Ragaz geritten und hätte vermutlich den Hannikel am gleichen Tag nach Vaduz zurückgebracht, was aber wegen der in meinem ersten Bericht beschriebenen Ursache nicht geschehen ist, weil Hannikel nach Sargans geführt werden mußte.

Ich traute aber dem Landvogt zu Sargans nicht vollkommen, weil er mir als ein ganz neuer gar nicht bekannt war, und schickte deswegen noch meinen getreuen und beherzten Amtsdiener Grau mit den nötigen Ketten nach Sargans, damit ich ruhiger schlafen konnte und sicher war, daß er nicht mehr entfliehen konnte. Der Junker Landvogt von Mohr ließ aber den Grau nicht mehr ins Gefängnis, hingegen den Hannikel so verwahren, daß ihm der beständige und auch geäußerte Gedanke zur Flucht vergehen mußte. Er war nämlich an Händen und Füßen fest gebunden und von den vier Wächtern im Gefängnis mußten ihn immer zwei auf beiden Seiten, jeder an einem Strick auf der Bank halten, und die übrigen zwei innen an der Tür mit Gewehr stehen, auch außen an der Tür noch die ganze Nacht über vier beherzte Männer Wache halten.

Während ich mir nun in Vaduz mit Blick auf die baldige Ankunft des Hannikel noch am Abend überlegte, wie ich ihn verwahren lassen würde, fuhren der Graf von Salis und Baron von Engelberg ganz unverhofft daher, um mir auch ihr Vergnügen persönlich zu bezeugen, das sie über die Einfangung des Hannikel empfanden. Wie sehr mich diese große Visite freute, ist leicht zu erachten, zumal beide Cavalliers mir gleich erklärten, so lange bei mir zu bleiben, bis man den Hannikel bringen werde. Sie warteten aber vergebens bis nachts nach acht Uhr, als des Grafen Jäger und der Pfleger Matthis von Sargans endlich auch zurückkamen und uns die Nachricht brachten, daß Hannikel heute nicht komme und der Landvogt noch vorher die 20 Louis d'ors, die nach dem Steckbrief auf Hannikels Einfangung gesetzt waren, nebst allen übrigen Unkosten ersetzt wissen wollte, ehe er ihn abführen lasse. Der Graf war hierüber sehr bös und zeigte auch in diesem Falle abermals den großen und edlen Mann, indem er mir gleich bezeugte: daß ich keinen Heller an allen Unkosten bezahlen dürfe, ich solle nur ihn machen lassen. Er wolle morgen, an Mariä Geburt nur den Gottesdienst abwarten und nach solchem gleich nach Sargans fahren und alles berichtigen, daß ich den Hannikel nur abführen lassen und mit dem Landvogt von Mohr mich nimmer abgeben dürfe.

Danach reiste er um halb neun Uhr von Vaduz ab und kam erst nach zwölf Uhr zu Hause an. Der gute, etlich sechzigjährige Graf ist fast erfroren, weil es in der Nacht wegen dem auf dem Gebirge liegenden frischen Schnee äußerst kalt wurde und er nur ein leichtes zeugenes Jagdwämslein anhatte, sonst aber in der Eile nichts an Kleidern mit sich genommen hatte, womit er sich hätte helfen können. Der Hauptmann von Engelberg hingegen blieb bei mir über Nacht, weil er im Sinn hatte, am anderen Tag auf seine in Bestand genommene Vaduzische Jagd zu fahren. Als er aber am Morgen um fünf Uhr mit mir aufstand, bezeugte er gleich: Er habe sich anders besonnen. Er wolle seine Leute allein auf die Jagd schicken und mich nach Sargans begleiten, damit ich kein fremdes Gefährt nehmen müsse. Der Graf sei gestern spät nach Hause gekommen und fast erfroren und er nicht ganz sicher, ob ihm nicht einige Unpäßlichkeit zugestoßen, die ihn von der Reise leicht abhalten oder doch wenigstens verursachen könnte, daß er spät nach Sargans komme. Er sei eben wie auch der Graf mit dem Landvogt von Mohr bekannt, und wenn dieser wegen den zwanzig Louis d'or und der übrigen Unkosten Umstände machen sollte, so wolle er ihm, wenn er's verlange, für 10 000 fl. Kaution von seinen Gütern im Sargansischen stellen, damit ich ungehindert abreisen könne.

Wir fuhren nach sechs Uhr einen äußerst üblen Weg Sargans zu, und als wir an den Rhein kamen, um uns hinüber schiffen zu lassen, begegnete uns schon der Grau, der mir vom Landvogt überbrachte, daß ich selbst kommen müsse, da sonst der Hannikel nicht überstellt werde, weswegen ich sehr froh war, daß ich mit dem Engelberg abgereist, was ich zuerst nicht im Sinn hatte, um Kosten zu sparen. Wir kamen um halb zehn Uhr auf dem hohen Schloß in Sargans an, und der Landvogt von Mohr empfing mich wie alle bisherigen Schweizer Obrigkeiten auf das Freundschaftlichste, gab auch gleich seiner Fräulein Schwester den Auftrag, das Mittagessen bis elf Uhr fertig zu machen, weil unsere Leute auch vorher etwas essen und die Pferde gefüttert werden müssen und er sich's zum wahren Vergnügen schätze, sich ein paar Stunden mit mir unterhalten zu können.

Obwohl wir so früh von Vaduz abgereist waren, war doch der vortreffliche Graf von Salis eine ganze Stunde vor uns auf dem Schloß angekommen, hatte alles schon berichtigt und die Ehren-Parole von sich gegeben für alles, was der Landvogt verlangte, zu stehen, nur damit ich nicht aufgehalten werden sollte. Wir waren auch kaum einige Minuten beisammen, da nahm er mich zur Seite und sagte zu mir: ›Sie bezahlen hier keinen Kreuzer von sämtlichen Unkosten. Ich habe dem Landvogt schon gesagt, daß ich alles vorher an den Bundestag gelangen lassen und demselben die Churer Nachlässigkeit anzeigen wolle, es werde hernach schon gesprochen werden, wer die gesamten Unkosten leiden müsse.‹

Er glaube nicht, daß etwas davon auf meine Kasse fallen werde. Übrigens freue es ihn sehr, mich noch einmal gesprochen zu haben, und es tue ihm äußerst leid, daß er nicht länger in unserer Gesellschaft bleiben und mit uns zu Mittag speisen könne. Er habe gestern Nacht sehr gefroren, und ihm sei seit der vorgestrigen Alteration überhaupt nicht recht wohl, weswegen er sich, so bald er nach Haus komme, ins Bett legen und recht ausruhen wolle. Dieser verehrungswürdige Menschenfreund umarmte mich hierauf mit einer solchen Wärme, daß es mir sehr schwer fiel, von ihm Abschied zu nehmen. Er reiste dann ohne weiteres wiederum Zizers zu, wohin wir alle diesem großen Manne tausendmal Glück und von Herzen wünschten, daß er nicht krank werden möge. Wir speisten nach seiner Abreise zu Mittag, und nach dem Essen ließ ich den Hannikel durch meine Leute schließen und gleich auf den Wagen bringen, damit wir mit ihm noch vor Nacht Vaduz erreichen konnten.

Beim Eintreten meiner Leute in das Gefängnis erschrak Hannikel dergestalt, daß er kein Wort mehr sprechen konnte, weil er fest vermutete, daß er nicht mehr ausgeliefert werde. Bei seiner Einlieferung auf das Schloß hatte er dem gemeinen Volk immer zugerufen, um dieses zum Aufruhr zu bringen: ›O! Ihr heiligen Schweizer! Behauptet doch Eure Freiheit und lasset mich nimmer ausliefern. Ich bin unschuldig und mein Blut wird dereinst Rache über Euch schreien, wenn Ihr mich in andere Hände bringen lasset. Ich bin ein gelernter Jäger und war immer gern bei Euch‹, und was dergleichen mehr. Das Volk war aber über ihn als Mörder und nach der dem Volk von dem Pfleger Matthis erzählten Ereignisse ganz ergrimmt und hörte gar nicht auf sein Geschrei. Ja, es kam sogar ein Bauer zu dem Landvogt mit der Anfrage, ob er nicht geschwind in das Gefängnis und den Schelmen umbringen dürfe? Dann sei allem weiteren abgeholfen. Der Kerl sei ja ein Mörder und müßte also umgebracht werden.

Auf dem Weg bis zum Rheinstrom hoffte Hannikel immer noch auf eine Erlösung, er sah auch beständig um sich, ob das in

Der Bühnenpranger von Schwäbisch Hall.

großer Menge herbeigelaufene Volk nichts machen werde und würde vermutlich wieder um Hilfe gerufen haben, wenn ich meinen Hatschier nicht zu ihm auf den Wagen gestellt mit der nötigen Instruktion, und auch meinem Kundschafter, dem Reinhard, befohlen hätte, nimmer vom Wagen zu weichen und auf die Augen des Hannikel Acht zu geben. Als ihn aber meine Leute am Rhein von dem zur Sicherheit mit dem Geleitsmantel vorangerittenen Sarganser Landwaibel und den acht Fuseliers ganz übernahmen, da legte er sich wie halb tot in sein Stroh und blieb so bis nach Vaduz liegen. Über dem Rhein, auf dem Fürstlich Liechtensteinischen Territorium, warteten schon über drei Stunden sechs Kreissoldaten auf uns, die der wackere Landvogt Gilm von Rosenegg ohne mein Wissen dahin beordert hatte, damit wir sicher durch das dicke Buschwerk Balzers zu und endlich nach Vaduz kommen konnten, ja er schickte mir noch seinen braven Sohn zu Pferd nach Balzers entgegen, der den Befehl hatte, mir in diesem Ort noch so viele Leute zu beschaffen, wie ich verlangen würde, auch immer bei mir zu bleiben, so daß in Balzers bei der großen Menge Volks keine Unordnung entstehe. In diesem Ort nahm dann endlich auch mein Freund Engelberg den letzten zärtlichen Abschied von mir, und ich kam am Abend um halb sechs Uhr, begleitet von wenigstens tausend Menschen, mit meiner Beute glücklich in Vaduz an, so daß ich also endlich am 9. hujus getroster als von Chur aus die Reise meiner Heimat zu antreten konnte.

In Feldkirch warteten abermals wenigstens über 1500 hohe und niedere Personen auf uns, die von allen Orten hierher zusammengelaufen waren. Einige Beamten erzählten mir, daß vor zwei Tagen im Rheintal mehr als 3000 Personen auf uns gewartet hätten und Bauern aus den Bergen zehn bis fünfzehn Stunden gelaufen seien, weil es geheißen hatte, ich würde mit den Zigeunern gewiß wieder durch das Rheintal kommen. Bis die Pferde gefuttert waren, ließ ich dem Hannikel eine schwarze lederne Maske vors Gesicht machen, weil er sich in Vaduz gegenüber einem Wächter geäußert hatte, daß er in acht Tagen wieder da sein wolle. Auch ließ ich Hannikel bei Tag auf dem Wagen in einem für ihn besonders gerichteten Platz immer von einem Wächter, des nachts aber immer von den übrigen ganz abgesondert in einem besonderen Eck in der Kammer von zwei Wächtern bewachen, wobei ich noch selbst jede Nacht die Leute zweimal visitierte, ob sie die Wache auch richtig nach meinem Befehl versahen. Diejenigen, die Wache hatten, haben sich auch zu meiner äußersten Verwunderung niemals schläfrig oder nachlässig finden lassen, obwohl sie alle Tag und Nacht keine Ruhe hatten und auf dem ganzen Weg die wenigsten in ein Bett gekommen waren, sondern nur auf Strohsäcken liegen durften, weil jede Stunde abgelöst werden mußte. Diese Vorsicht brachte den immer noch brutal und unschuldig sich gebenden Hannikel endlich doch selbst zur Äußerung: Er sehe schon, daß er den Sulzern nicht mehr entkommen werde. Und hier ist ihm die Hoffnung nun vollends vergangen, weil er in einem steinernen Gefängnis sitzt, so daß er schon öfters zu dem ihn jede Nacht dreimal visitierenden Amtsdiener gesagt hat, er solle doch ihm zu lieb den Schlaf nicht mehr unterbrechen – wenn er ja der Riese Goliath selbst wäre und zwei Tage eine Axt und ein Stemmeisen hätte, so wäre er nicht imstande, auszubrechen. Dies seien keine Churer Gefängnisse.

Von Feldkirch bis Ulm boten mir die Obrigkeiten, wie alle vorhergehenden, in jeder Stadt alle Hilfe an, und in Biberach kam der Stadtammann selbst zu mir ins Wirtshaus und fragte mich, ob er mir mit seinen Leuten dienen könne bis die meinigen gegessen und ein wenig ausgeruht hätten. Es stehe mir alles zu Diensten, ich solle nur befehlen.

Die Ulmer hingegen, in welcher Stadt ich es am wenigsten vermutet hätte, zeichneten sich als wahre grobe Reichsstädter aus. Ich schickte meinen Paß vom Hochpreißlichen Geheimen Rath dem auf dem Rathaus versammelt gewesenen Senat zu mit der Nachricht, daß mein Kommando in einer Viertelstunde kommen und hier zu Mittag essen werde. Bald hernach kam ein Corporal mit dem Kompliment von seiner Herrlichkeit, die ein Bürgermeister sein soll, und richtete mir aus, die Gefangenen dürften nicht in die Stadt herein, sondern sie müßten zu dem Frauentor geführt und dort von der Hauptwache allein bewacht werden, bis ich und mein Kommando gegessen hätten. Ich ließ hierauf dem Bürgermeister zurück ausrichten, daß mir sein Kompliment doch äußerst befremdlich vorkomme und auf meiner weiten Reise mir noch kein solches gemacht worden sei. Die Obrigkeiten hätten mir überall entbieten lassen, daß sie sich das größte Vergnügen daraus machten, wenn sie mir mit etwas dienen könnten, ich möchte in allen Stücken befehlen. Meine Gefangenen könne ich keinem fremden Soldaten auch nur einige Minuten lang anvertrauen, weil diese jene gar nicht kennen würden und also auch nicht wüßten, was sie bei ihnen zu beobachten hätten und wie sie Acht geben sollten. Zudem wäre es, außer mit vielen Kosten, nicht möglich, den Gefangenen vom Baumstark bis zum Frauentor eine Viertelstunde lang das Essen tragen zu lassen, und die Leute, besonders die kleinen Kinder, müßten etwas zu Essen haben. Ich hoffte also, sie würden dies alles überlegen, überhaupt aber bedenken, daß von Euer Herzoglichen Durchlaucht als dem zweiten Kreisausschreibenden Fürsten ich abgeschickt wäre und keiner Reichsstadt oder einem Nobili diene.

Der Bürgermeister blieb aber bei seinem Entschluß, und ich habe deswegen die Gefangenen geradezu nach Söflingen führen lassen, wohin ich, nachdem ich in der Schnelle nur etwas weniges Essen zu mir genommen hatte, ebenfalls reiste, um versichert zu sein, daß alles in Ordnung gehe und bei dem vielen zusammengelaufenen Volk die Gefangenen immer wohl verwahrt blieben. Ich wünschte übrigens in Untertänigkeit mit vielen rechtschaffenen Ulmern, die äußerst betreten über die Grobheit ihres Bürgermeisters waren, zumal alle Jahr die Herzogliche Hohe Kreisgesandtschaft nach Ulm kommt, daß Euer Herzogliche Durchlaucht dem Magistrat zu Ulm durch die hochpreisliche Regierung Höchst dero Mißfallen über ihr grobes Bezeugen erkennen geben zu lassen in höchsten Gnaden geruhen möchten.

Ich komme nun auch noch auf die Entweichung des Hannikel in Chur aus dem Gefängnis. Daß die pflichtlosen Stadtknechte hieran allein oder die meiste Schuld hatten, das konnten und mußten diejenigen sogleich erkennen, die tags zuvor in meiner Gegenwart gesehen haben, wie er gefesselt wurde. Die Stadtknechte hat zu dieser gottlosen Tat folgendes bewogen. Wie meinen Leuten verschiedene wackere Churer erzählten, haben sich diese Burschen gleich von Anfang an bis zum Ende der Inquisition täglich vollgetrunken und viele Schulden auf diesem Konto gemacht in der zuversichtlichen Hoffnung, es müsse alles ganz richtig bezahlt werden, sie mögen anrechnen, was sie wollen.

Man sagte mir schon auf der Reise hie und da, daß die Churer einen ganz besonderen Typus bei Anrechnung der Inquisitions-Kosten hätten, und beschrieb mir die Obrigkeit mit allen Standespersonen ganz anders, als ich sie hernach gefunden habe. Ich ersuchte deswegen meinen Freund, den Stadtammann Gschwend von Altstetten und Landeshauptmann von Engelberg, mir Briefe an ihre Bekannten nach Chur mitzugeben in denen er melde, daß ich der Schweiz schon viele ersprießliche Dienste in Inquisitionssachen umsonst getan hätte und daß sie in diesem Betracht bei Anrechnung der Kosten so genau als möglich zu Werk gehen und dabei bedenken möchten, welch große Glückseligkeit es für die allgemeine Sicherheit sei, daß diese Mörderbande zur Empfangung der wohlverdienten und von Gott gesetzten Strafe einen solchen weiten Weg abgeholt würde. Diese beiden Schreiben hatten auch ihre gute Wirkung, und der edle Bundespräsident von Salis, der auch ein Mitglied im Rat der Sieben ist, schickte gleich einen eigenen Brief an den sechs Stunden von Chur versammelten Bundestag nach Ilanz ab, mit dem Ersuchen, durch den Boten an das Kriminal-Tribunal das Nötige wegen der Anrechnung der Kosten zu erlassen, was auch alsbald mit dem Anhang erfolgte, daß das Kriminal-Gericht die Unkostenzettel alle genau prüfen und sämtliche Kosten, so viel es sich nach dem althergebrachten Typ tun lasse, moderieren, von den auf das Kriminal-Tribunal gegangenen großen Kosten selbst aber, die sich über 850 fl. belaufen haben sollen, aus besonders großer Devotion vor Eurer Herzoglichen Durchlaucht und in Rücksicht, daß das Oberamt Sulz der Schweiz auch schon so viele heilsame Dienste in Kriminalfällen geleistet habe, mir gar nichts in Rechnung bringen sollten. Sie hätten einmütig beschlossen, diese Kosten auf das Land zu übernehmen und aus der allgemeinen Landkasse bezahlen zu lassen.

Diesen Befehl brachte das Kriminal-Tribunal auch pünktlich in Erfüllung und hat deswegen mit Moderierung der übrigen Kostenzettel und bis sie sich mit dem Hausmeister und den zwei Stadtknechten wegen der Ätzungs-, Wart- und Vorführungskosten genügend durchstritten hatten, fast zwei Tage zugebracht. Es hat nämlich ein Hausmeister nach dem alten Churer Typus das Recht, von einem Gefangenen täglich für die Kost 1 fl. von einer Person zu empfangen und die Stadtknechte von einer Person für das Essentragen täglich 24 r., von einem jeden Schloß an dem Gefangenen auf- und zuschließen à 16 und beide 32 r. und so nach Proportion von jeder Verrichtung mehr oder weniger anzurechnen. Der Hausmeister hingegen wollte täglich von einer Person, klein oder groß, wegen der vorgeschützten ungewöhnlichen Teuerung bei den Viktualien, da besonders das Pfund Schmalz 28 r. koste, 16 Batzen für die Ätzung, ohne alle übrigen Nebenkosten, und die Stadtknechte von den ihnen von alters her für das Essentragen von einer Person täglich gebührenden 24 r. und den übrig taxmäßig angerechneten Kosten absolut sich nichts abbrechen lassen. Da aber das Kriminal-Tribunal wohl einsah, daß es für ein Kind nicht so viel wie für eine alte Person täglich anrechnen könne, und die Stadtknechte acht Personen in einem Zimmer täglich das Essen zu bringen gehabt haben, es also höchst unbillig wäre, wenn sie alle Tag 3 fl. 12 r. hierfür bekämen, und überhaupt des Hausmeisters und der Stadtknechte Rechnung viel zu hoch angesetzt fand, haben der Stadtvogt und die zwei Landrichter, ohne auf eine besondere Anrechnung weiters Rücksicht zu nehmen und die Klagen dieser Leute länger anzuhören, die Rechnung des Hausmeisters von cirka 750 fl. auf 575 fl. 4 r. und die Forderung der Stadtknechte von 451 fl. 36 r. auf 283 fl. 48 r. moderiert.

Dieser große Rabatt brachte die Leute fast außer sich und veranlaßte den Hausmeister, von dem Kriminal-Tribunal mit Ungestüm seine eingegebene Rechnung wieder zurückzunehmen. Die Hausmeisterin kam auch noch in der Nacht zu mir und suchte mehr Geld von mir herauszubringen. Ich meldete ihr aber kurz, daß ich alles bezahlt hätte, wofür mir der Secretarius eine Rechnung gebracht hatte. Die Stadtknechte hingegen suchten durchs Raisonnieren an meine Leute zu kommen. Diese wichen aber, meinem scharfen Befehl gemäß, denselben ganz aus, und da sie bei solchen nichts anbringen konnten, müssen sie sich, vielleicht auf Anraten des Hausmeisters, entschlossen haben, ihrer Obrigkeit und mir einen Streich zu spielen, daß wir gerne das moderierte Geld bezahlen würden, wenn es nur nicht geschehen wäre. Sie setzten am Ende ihren teuflischen Plan durch, und bei dem Nachtessenbringen haben sie dem Hannikel am rechten Arm das Schloß nicht eingeschlagen, das er dann gut aufmachen konnte, und aus der Springe an der linken Hand konnte er schlupfen wann er wollte, weil sie zu weit war. Er hatte also nur noch das Schloß am Halsring aufzubrechen, das auch schlecht und mit einer Kraft, wie sie Diebe in solchen Fällen haben, leicht aufzubrechen war, dann konnte er den halben Teil am Bock, der mit keinem Schloß versehen ist und nur mit einer eisernen Stange zugesteckt wird, auf- und die Füße ungehindert herausziehen.

Als Hannikel nun auf diese Art von Fesseln ganz frei war, zerbrach er das handbreie Band an der auch nicht verschlossen gewesenen Falltür, womit das Loch im Boden in seinem Turm zugedeckt war, und mit diesem Stück starken Band grub er einen großen Stein, der neben dem Bock in einer Öffnung in der Mauer zu den Gärten auf die Straße hinaus schlecht eingemacht war, völlig heraus, nahm das Flöckenstück, das auch noch im Turm parat gelegen hat, und stieß die schlechte Mauer und den aufrechten Stein an dem äußeren Hohlicht durch die ehemalige Öffnung durch, worauf er ganz leicht hinausschlüpfen, und, da er nur zehn Schuh hoch auf den Boden hatte, auch schon auf freiem Feld war, konnte er in kurzer Zeit sehr weit entfliehen, so daß er dann auch in drei Stunden wenigstens schon fünf starke Stunden weit von Chur entfernt war und gesehen wurde, ohne daß man wußte, wer er war.

Wie Hannikel selbst erzählt, kamen am Dienstag, den 5. hujus, viele Leute zu ihm, als die Stadtknechte das Mittagessen brachten, und unter diesen war ein Mädchen, das ihn an seine Füße gestoßen und ganz in der Stille geschwind sagte, daß der Stein neben seinem Bock vor einer Öffnung stehe, die nur 10 Schuh vom Boden sei. Er könne solchen mit weniger Mühe wegbrechen und hernach gut hinausschlüpfen ... Alles übrige in dem Protokoll weiter von ihm angegebene ist wie jenes grundfalsch, doch äußerte er sich beim Transport, daß er von der ihm gemachten Entdeckung des zu ihm ins Gefängnis gekommenen Mädchens keinen Gebrauch gemacht hätte, wenn ihm nicht entdeckt worden wäre, daß er am folgenden Tag nach Sulz abgeholt werde. Ich war bei dieser ganzen Sache nur froh, daß ich für die letzte Nacht die Wache noch angenommen und bezahlt habe. Der Wachtmeister fragte mich am Abend, ob ich auch noch eine Wache vor die Türen wolle? Ich dachte anfangs, es sei nicht möglich, daß der Hannikel noch durchkommen kann, so wie ich ihn schließen lassen hatte, und die übrigen brauchten keine Wache, ich dachte, ich könnte diese Kosten wohl einsparen.

Zum Glück jedoch besann ich mich anders. Es ist die letzte Nacht, dachte ich, ich nehme lieber noch eine Wache, es mag hernach geschehen, was will, so habe ich doch nichts versäumt und das Meinige getan. Wäre dies nicht geschehen, so hätten die Obrigkeit und besonders die liederlichen Stadtknechte alles auf die Wacht geschoben und sich damit entschuldigt. Wenn ich die Wache, wie es bisher war, genommen hätte, so wäre der Hannikel nicht durchgekommen, hätten sie behauptet. So aber konnte ich getrost und beherzt vor das Kriminal-Tribunal treten und meine redliche Meinung sagen, ohne daß mir von demselben eine Nachlässigkeit entgegen gehalten werden konnte.

Was endlich noch die Einfangung dieser Zigeuner- und Mörderbande selbst betrifft, so geschah solche auf eine Art, daß man daraus den besonderen Willen des Allmächtigen Gottes annehmen kann. Der vortreffliche Graf von Salis, ein sehr großer Liebhaber der Jagd, war am Dritten des vorigen Monats mit seinem Jäger, dem Junker Ammann von Joost, und noch einem Cavallier im Begriff, in der mit vielem Gebüsch bewachsenen Au bei der Bazer Bruck unweit des alten Schlosses Neuenburg zu jagen, als er auf einer mit vielem Gesträuch bewachsenen Anhöhe Rauch über sich steigen sah und sogleich die Vermutung schöpfte, es dürfte sich da ein Haufen verdächtiger Leute aufhalten. Er befahl ohne Verweilen die drei oben beschriebenen Personen an einen besonderen Ort um die Anhöhe herum, schlich nach und nach selbst hinauf, so daß sie alle Vier zusammen plötzlich vor dem Feuer ankamen, um welches der Hannikel getrost mit seinen Leuten saß.

Der Graf schöpfte sogleich den Verdacht, daß dies keine andere als die Mörderbande sein müsse und sagte den übrigen in französischer Sprache, daß sie sich auf alle Fälle zum Streit rüsten sollen. Er richtete hierauf verschiedene Fragen an den Hannikel, besonders womit er seine an den Baum gehängte Flinte geladen hätte. Mit etwas Vogeldunst zum Vögelschießen, das ja erlaubt sei, war des Hannikels trotzige Antwort. Er sei ein gelernter Jäger und schieße zuweilen einen Vogel zum Essen. Der Graf befahl dann seinem Jäger, die Flinte auszuziehen und zu sehen, womit sie geladen sei. Statt des Vogeldunsts waren aber sechzehn starke Fuchsposten in der Flinte, woraus der Graf schon annehmen konnte, was für Leute er vor sich hatte. Er gab sich nun nicht mehr länger mit ihnen ab und rief ihnen mit rascher Stimme zu: Sie sollen plötzlich zusammenpacken! Der Hannikel sagte ihm aber ganz brutal ins Gesicht: Er habe es nicht nötig, zusammenzupacken, sie hätten keinen Menschen beleidigt und sie blieben hier im Wald, worauf der Graf mit seiner Doppelflinte hervorruckend nur kurz erwiderte: Augenblicklich sollten sie aufstehen und voran marschieren, oder es würden alle niedergeschossen! Die übrigen Drei spannten ebenfalls die Hähne.

Als sie nun den Ernst auf einmal einsahen, daß der, welcher bisher zu ihnen gesprochen hatte, seines schlechten Jägerwammes ungeachtet, kein gemeiner Jäger sein müsse, so marschierten alle, begleitet von den drei Cavalliers und dem Jäger, willig voran, bis sie zu der Bazer Bruck kamen, über welche der Gender durchgehen wollte. Der Ammann von Joost war aber schon auf solcher postiert und rief ihm zu: Er solle stehen bleiben, oder er werde ihn augenblicklich totschießen! Inzwischen kamen die übrigen vollends dazu und wurden von den von Joost herbeigerufenen Bauern in Empfang genommen und nach Zizers, von da nach Chur geführt. Der Hannikel und seine übrigen Begleiter vermuteten nicht, daß sie so lange in Chur behalten, sondern, wie es bisher in der Schweiz üblich gewesen ist, mit einer Tracht Schläge bald wieder entlassen werden würden, weswegen sie in der Gefangenschaft ganz getrost waren, bis ihnen zuletzt von Sulz Fragen vorgelegt wurden, auf die der Hannikel gleich in der Nacht darauf das Ausbrechen plante, und mit einem von den in seinem Gefängnis verwahrt gewesenen, über einen Zentner schweren Torturstein das eiserne Kreuz in der Turmöffnung hinausschlagen wollte, was die Wache noch gehört und auf der Stelle anzeigte, worauf er in den Bock gesetzt wurde.

Für den alten Grafen war es ein großes Glück, daß die Böswichte nicht gewußt hatten, daß ich an ihrer Arretierung allein schuldig war. Sie würden sich sonst bis aufs Blut gewehrt und wenigstens ein oder zwei zu Tod gestochen haben, ehe sie sich ergeben hätten, zumal der Graf in der Nähe keinen Menschen zu Hilfe hätte rufen lassen können. Der Hannikel äußerte selbst, nachdem er erfahren hat, daß er nach Sulz ausgeliefert wird: Wenn er das vorher gewußt hätte, dann würden ihn die Churer niemals zu sehen bekommen haben. Er hätte sich eher auf der Stelle totschießen lassen und sich mit seinen Brüdern bis auf den letzten Blutstropfen gewehrt.

Der Graf hat sich übrigens durch diese beherzte und für die allgemeine Sicherheit nicht hoch genug zu schätzende Tat in der ganzen Schweiz, in Italien, Tirol und anderen Ländern, wo sie bekannt wurde, einen unsterblichen Ruhm erworben, und meinen Leuten hat ein reisender Kaufmann schon bei der Hinreise in Schaffhausen erzählt, daß er die ganze Geschichte schon vor acht Tagen mit allen Umständen in Innsbruck erzählen hörte, und daß von Euer Herzoglichen Durchlaucht preiswürdigen höchsten Regierung dabei besonders mit vielen heißen Segenswünschen gedacht worden sei, daß eine solch verruchte Mörderbande mit großen Kosten einen solch weiten Weg abgeholt werde, damit die Gott geheiligte Justiz die gerechte Strafe an ihnen vollziehen lassen könne.

Die Haut schauert mir, wenn ich nur an die abscheulichen Missetaten denke, welche Hannikel auf sich liegen hat und von denen ich schon weiß. Zwei Mordtaten sind für ihn schon erwiesen, und nach einem von dem Zuchthaus Ludwigsburg erhaltenen Protokoll von Joseph Diebold, vulgo der krumme Joseph, soll er vor fünf Jahren auch einen Juden im Wald bei Oetingen ermordet haben, also hätte er drei Mordtaten auf seiner schwarzen Seele liegen ohne diejenigen, welche nicht bekannt sind. Die zweite Mordtat, oder nach der Zeit eigentlich die dritte, ist nach einer vom Oberamt Göppingen erhaltenen Bestätigung an einem über siebzigjährigen Juden in Dettweiler, das zu Elsaß Zabern gehört, geschehen, wo Hannikel mit etwa zwanzig Spießgesellen einem Juden vor elf Jahren die Läden, Türen und Fenster mit Beil und Äxten eingehauen, Kisten und Kästen aufgeschlagen hat und den aus dem Bett gerissenen alten Greisen nackt auf die zerbrochenen Fenstergläser hinsetzte. Dann band er ihn an Händen und Füßen, mißhandelte ihn grausam mit Knöbelstreichen und brannte ihm sodann die Fußsohlen, bis er alles Kostbare im Haus angezeigt hatte, worauf der Jud wegen dieser unmenschlichen

Mißhandlung innerhalb von vierzehn Tagen seinen Geist aufgeben mußte. Bei diesem Diebstahl haben die Böswichte noch einen Bürger in den oberen Leib, wo die Kugel zwischen Haut und Fleisch stecken blieb, und einen in den Arm geschossen, als diese beiden dem Juden zu Hilfe kommen wollten. Auch die Kirchtüren, ehe sie paar und paar anmarschiert kamen, haben sie gänzlich vernagelt, so daß man nicht Sturm läuten konnte. Wenn ich all diese schrecklichen Taten dem Grafen geschrieben hätte, so hätte er sein ganzes Vermögen genommen, um den Hannikel wieder aufzutreiben und der Gerechtigkeit in die Hände zu liefern, weil dieser Hanikel Menschenblut noch stromweis vergossen hätte.

Meine Reise an und für sich selbst anbelangend hätte freilich äußerst gefährlich werden oder mich gar das Leben kosten können, wenn nicht der Allmächtige besonders über uns gewachet hätte. Ich wurde überall gewarnt, wohl auf der Hut zu sein, weil aller Orten noch vieles Gesindel herumlaufe, das schon von meiner Reise Nachricht hatte, und auf einem mit Wald umgebenen Weg nicht weit vom Rheintal müssen wirklich sechs Kerls mit Pistolen auf uns gewartet haben, wir kamen aber früher als sie vielleicht vermuteten, und da der Graf von Thun, wie mir der Kutscher selbst in Chur erzälte, eine Stunde nach uns diesen Weg fuhr, sprang plötzlich ein Kerl über den Graben herüber mit einer Pistole in der Hand und einer im Gürtel, was der Diener sah und seinem Herrn gleich meldete. Der Graf ließ halten und schnell seine Gewehre rüsten, auch durch den Diener den Kerl ganz beherzt fragen, was sein schnelles Herüberspringen aus dem Wald bedeuten solle? Der Jauner antwortete dem Diener, der zugleich die übrigen mit Pistolen versehenen fünf Kerls hart am Graben wahrgenommen hatte: Sie sollten nur fahren, sie wollten nichts von dieser Kutsche. Worauf der Graf den Kutscher fahren hieß, was die Pferde laufen konnten und zu seinen Leuten hernach äußerte, diese sechs Böswichte hätten gewiß auf mich gewartet.

Auch in den Liechtensteinischen Waldungen traf ich verschiedene Haufen von zehn bis fünfzehn Personen der größten

Jaunersware nicht weit von den Landstraßen an, ich ließ aber bei jedem Haufen halten, schickte gleich meinen Hatschier mit seinem Hund hin, und wenn sie keine guten Pässe aufweisen konnten, sagen: Sie sollten diese Gegend augenblicklich verlassen oder in einer halben Stunde würden Streifer von Vaduz kommen und sie ausheben, was alle so in Schrecken versetzte, daß sie gleich vom Platz wichen. Beim Herausfahren aber schützte mich und meine Leute in dieser Gegend der Hauptmann von Engelberg mit seinen Grenadiers. Im Feldkirchischen bei Dornbirn hingegen hätte die Reise am gefährlichsten werden können. Ich wollte dort übernachten und bin etwas, wie jedesmal, vorausgefahren, um Quartier zu machen. Der rechtschaffene Dekan von Leo kam aber zu mir ins Wirtshaus, um mich zu unterhalten und zu hören, was ich für Leute hätte, wobei er mir gleich sagte, daß nur zwei Stunden vom Ort in dem von der Landstraße aus gesehenen bekannten Bregenzer Wald fünfhundert Personen Jauner- und Zigeunerware von der ersten Klasse liegen, wenn ich also mit meinen Leuten noch nach Bregenz kommen könnte, so hielte er's für besser und rätlicher. Ich folgte diesem edlen Rat und ließ bald wieder anspannen. Meinem Kommando ließ ich Nachricht zurück, daß sie nach dem Füttern besonderer Ursachen halber so bald als möglich nachkommen sollten, sie dürften nicht in Dornbirn übernachten.

Von Bregenz aus wollte man uns auch noch bange machen, wir trafen aber wenigstens an den Straßen kein verdächtiges Gesindel mehr an, besonders um Ravensburg herum, in welcher Gegend nur das Andenken an ein Arbeitshaus alles verdächtige Gesindel längst vertrieben hat und in diesem Betracht diese herrliche Anstalt, besonders in Hinsicht auf die Vaganten, nicht genug gepriesen werden kann.

Und so hätte ich Euer Herzoglichen Durchlaucht nun das meiste und wichtigste von der mir gnädigst aufgetragenen Reise in tiefster Untertänigkeit angezeigt, und es soll mir eine der größten Belohnungen sein, wenn ich diese in allen Teilen zu der

Folter durch Strecken. Abbildung aus der Constitutio Criminalis Theresiana (1768).

höchst gnädigsten Zufriedenheit Eurer Herzoglichen Durchlaucht vollzogen habe. Ich habe getan, was ich nach Kräften zu tun im Stande war, vermute auch nicht, wie mir selbst einige Mal in Chur von Ratsmitgliedern bezeugt wurde, daß ein anderer Beamter, wenn er nicht schon allenthalben in der Schweiz bekannt gewesen wäre und so wahre edle Freunde gehabt hätte wie ich, es wirklich dahin gebracht haben würde, daß dem Hausmeister und den Stadtknechten so vieles moderiert und die Kriminal-Gerichts-Kosten auf die Landkasse verwiesen worden wären, welch alles zusammen doch Kosten von wenigstens 1 192 fl. 44 r. mehr verursacht hätte, die ich wirklich durch meine Gegenwart der Amtskasse erspart habe. Alle weiteren und besonders die Reisekosten habe ich, so viel es sich immer hat tun lassen, aufs genaueste eingerichtet, und durch das frühe Aufstehen alle Morgen um vier oder halb fünf Uhr wenigstens sieben Tage an der Reise eingespart, die man sonst mehr gebraucht hätte. Ja einige Mal habe ich selbst gar kein Frühstück genossen, nur weil es mir zu teuer war, und ich darf submissest versichern, daß, so lange ich in Schaffhausen und Zürich zwar in den berühmtesten Wirtshäusern war, ich am teuersten, aber am allerschlechtesten gelebt habe und es mich den ganzen Tag gewundert hat, bis ich endlich in dem vortrefflichen Kloster von Muri übernachtete, wo ich ganz fürstlich behandelt und traktiert wurde und auch Speisen bekam, die nicht acht oder vierzehn Tage alt waren, wie die meisten und besonders die Braten im ›Schwert‹ in Zürich, welche in der letzten Nacht alle angelaufen waren, so daß von zehn Gästen nur einige etwas davon versuchten.

Bei der Rückreise über Weingarten hatte ich auch das Glück, im Kloster zu übernachten, wo mir der würdige Herr Reichsprälat wie S. Hochfürstl. Gnaden, der edle Fürst zu Muri, alles merkwürdige in der Kirche und im Kloster, so viel es die kurze Zeit gestattete, zeigten und mir alle nur erdenkliche Ehre erwiesen, ja die Schildwache mußte beim Ein- und Ausfahren das Gewehr präsentieren, und die übrigen standen in der Front da. Ebenso herablassend und mit besonderer Distinktion empfingen mich auch S. Hochfürstl. Gnaden, der alte Fürstbischoff zu Chur, dem mich der Französische Obrist Baron von Salis, nachdem er mir vorher sein prächtiges Landhaus gezeigt hatte, des Abends vor meiner Abreise noch präsentierte. Dieser edle Fürst bezeugte ebenfalls sein großes Vergnügen über meine für die allgemeine Sicherheit so höchst wichtige Reise und sagte mir, daß es ihm ein großes Vergnügen gewesen wäre, wenn ich auch noch mit ihm hätte speisen können. Endlich und letztens sollte ich noch untertänigst nicht unerwähnt lassen, daß mir vor meiner Abreise der rechtschaffene Bundespräsident von Salis als Freund noch mitteilte, daß die Churer Stände es sehr gerne sehen würden, wenn Euer Herzogliche Durchlaucht Höchst Selbsten oder die hochpreisliche Regierung wegen der Auslieferung noch ein Schreiben an dieselbe erlassen würden, und deshalb stelle ich noch weiters in Untertänigkeit anheim, ob nicht auch der edle Graf von Salis und der rechtschaffene Landeshauptmann Engelberg von Moos Salenegg um ihrer großen und vielen Bemühungen und aufgewandten vielen Kosten willen eines Schreibens würdig wären, zumal von Cleven mir zulieb drei Tage Reisen nach Maienfeld gemacht und wieder zurückreisen mußte, weil seine Zeit, die er jedes Jahr dort zubringen muß, noch nicht verflossen war, darüber hinaus für die mir von Balzers geschickte Staffette mich keinen Kreuzer zahlen ließ, mir zu lieb in Vaduz über Nacht blieb und nach Sargans fuhr, wohin ich für ein Gefährt wenigstens 8 fl. hätte zahlen müssen, da ich das meine nicht hätte nehmen können, weil wir hofften, so bald noch von Sargans zurück zu kommen, daß wir noch nach Feldkirch fahren können, an die übrigen großen Dienste gar nicht zu denken, die er mir im Ganzen geleistet hat.

Euer Herzoglichen Durchlaucht höchst gnädigem Ermessen stelle ich aber alles in tiefster Ehrfurcht anheim, empfehle mich anbei zu Herzoglich höchsten Hulden und Gnaden submissest und ersterbe in profundestem Respekt Euer Herzoglichen Durchlaucht, d. 30. Sept. 1786, untertänigst verpflicht Gehorsamster Oberamtmann zu Sulz Schäffer.«

Hannikel wird hingerichtet

Ohne sich zu schonen, machte sich Schäffer gleich nach der Ankunft mit der Hannikelbande in Sulz an die Untersuchung. Die ganze Hannikelfamilie, neunundzwanzig Mitglieder stark, saß in den Türmen und Gefängnissen von Sulz. Es war keine leichte Aufgabe für Schäffer, die hartgesottenen Gauner ihrer Verbrechen zu überführen. Bei den schwierigsten Fällen kam ihm aber der Konstanzer Hanß zur Hilfe. Der Herzog hatte die Zucht- und Arbeitshausdeputation in Ludwigsburg beauftragt, dem Konstanzer Hanß und den Schinder-Peterle, falls Schäffer sie zur Konfrontation mit dem Hannikel benötige, aus dem Zuchthaus nach Sulz Ausgang zu gewähren. Und angesichts solcher Zeugen, die noch durch die Bitten und Tränen der Weiber und Kinder der Gauner unterstützt wurden, war jedes Leugnen der Beschuldigten zwecklos. Hannikel, sein Bruder Wenzel, der Johannes Reinhard, genannt Duli, und Andreas Leinberger, genannt Nottele, der Stotterer, wurden wegen des Mordes am Grenadier Pfister überführt.

Das landesherrliche Urteil gegen die Angeklagten lautete auf die Strafe des Todes durch den Strang mit der Bestimmung, daß Hannikel der ganzen Exekution zusehen und als letzter die Leiter zum Strick besteigen sollte. Am 14. Juli 1787 begaben sich der Diakonus M. Grundler, Bürgermeister Georg Jakob Nestle und die Ratsherren Johann Jakob Walter und Johan Mutschler mit dem Stadtschreiber Zennek zu den Verurteilten in das Gefängnis, um jedem einzelnen die herzogliche Entschließung zu eröffnen. Sofort nach der Urteilsverkündung ließ Schäffer den Hannikel durch eine gute Wache zum Rathaus bringen, die ihn bis zum Eintritt des Geistlichen nicht mehr verließ, sich jedoch auf den Wunsch des Pfarrers entfernte, »um nicht im mindesten einigen Gegenstand zu haben, der den Hannikel noch an seiner Bekehrung hindern dürfe.« Dieser Geistliche war der katholische Pfarrer Anton Reininger von Espasingen bei Stockach in Baden.

Er berichtet über sein Bekanntwerden mit Hannikel und über dessen Bekehrung: »Ich hatte im verflossenen April-Monate eine Reise über Sulz gemacht, wo ich mit Erlaubnis des Herrn Oberamtmanns Schäffer Hannikel in seiner Gefangenschaft besuchte. Einige Trostgründe, die ich ihm damals beibrachte, wirkten in dem Maße auf seine verwilderte Seele und zogen mir sein Vertrauen so sehr zu, daß er von der Zeit an Herrn Schäffer immer bittlich anlag, er möchte ihm doch im Falle, daß er sterben müßte, den Geistlichen kommen lassen, der zu der und der Zeit bei ihm war. Herr Schäffer, der die seltene Kunst besitzt, mit der strengsten Gerechtigkeit die werkthätigste Menschenliebe zu verbinden, ermangelte nicht, dieser Bitte seines Arrestanten, die so mancher andere Beamte geradezu würde abgeschlagen haben, Sr. Herzoglichen Durchlaucht sowohl als den hohen Ständen des Landes vorzutragen, von welchen höchst und hohen Orten dann auch die in der Geschichte der christlichen Toleranz ewig unvergeßliche Entschließung erfolgte, dem Hannikel nicht nur einen Geistlichen seiner Religion die drei letzten Tage zuzugeben, sondern auch mich anzugehen, daß ich dieses Geschäft übernehmen möchte.«

Vor seinem Tod wollte Hannikel noch die Frankenhannesen-Käther heiraten. Ein katholischer Priester sollte die Trauung vornehmen. Schäffer richtete deshalb an den Herzog ein Gesuch, das jedoch abgelehnt wurde. Allerdings stellte der Herzog Schäffer frei, die Hochzeit von einem lutherischen Prediger in Sulz durchführen zu lassen. Ebenso wurde die Bitte der Verurteilten, welchen zu ihrer Vorbereitung auf den Tod katholische Priester zugestanden worden waren, auch auf ihrem letzten Gang von

Geistlichen ihrer Religion begleitet zu werden, trotz der eifrigen Verwendung des Oberamtmanns vom Herzog als der Landesverfassung zuwider abgeschlagen, weil dieser Bitte die Disposition der Kriminalordnung Tit. 4, § 2 entgegenstehe. Hannikel nahm diesen Bescheid unzufrieden und mit der Bemerkung auf, ob denn die württembergische Staatsverfassung oder die evangelische Religion in Trümmer gehen würden, wenn man einem armen Sünder, der doch auf der Welt nichts mehr als den Geistichen seiner Religion zum Troste hätte, diese kleine Wohltat noch zugestände. Was aber der katholische Herzog damals nicht genehmigte, das gewährte zehn Jahre später bei der letzten Hinrichtung in Sulz auf Schäffers Ansuchen der evangelische Herzog Friedrich gegen die Auffassung seiner Regierung mit der bündigen Begründung: daß in solchem Fall Vernunft, Menschlichkeit und der wahre Sinn des Evangeliums älter seien als Tit. 4, § 2 der württembergischen Kriminalordnung.

Die Vollstreckung der Todesurteile war auf den 17. Juli 1787 festgesetzt. In der ersten Morgenfrühe empfingen die vier Delinquenten – Hannikel durch den Pfarrer Reininger, Wenzel, Duli und Nottele durch den Pfarrer Glatt aus dem fürstlichen Stift Muri bzw. den Kaplan Birkle von Vischingen und den Pfarrvikar Diener von Bierlingen, die Sterbesakramente. »Los von Ketten und Banden«, erzählt Reininger über diese Feier, »ein Kreuzbild in der Hand, in die Sterbekleider gekleidet, frei von allem, was man Wache nennen kann, so traten sie (Wenzel, Duli und Nottele) vor Hannikel hin. Auch diesem wurden die Fesseln abgenommen, und so – höret es, katholische Brüder – so durften wir in der württembergischen Stadt Sulz mit den vier berüchtigtsten Bösewichtern in einer ganz unerwarteten Freiheit und mit der erbaulichsten Feierlichkeit das große Geheimnis unseres Glaubens begehen. Dies alles war Herrn Schäffers Werk, und wer von uns wird diesem Manne diese edle That genugsam belohnen?«

Nach einem letzten Verhör wurden die Verurteilten in die Gerichtsstube verbracht, wo Oberamtmann Schäffer als fiskali-

Enthauptung einer Räuberin am 14. Februar 1851 in Ansbach. Zeitgenössische Lithographie.

scher Ankläger vor dem versammelten Malefizgericht folgende Ansprache hielt:

»Wenn Monarchen und Fürsten dieser Welt zweifeln: ob sie dem Menschen das ihm nicht gegebene Leben nehmen können oder nicht, so erhebt dieser Zweifel ihre angeborene unbegrenzte Liebe zu dem Menschengeschlecht. Aber wenn der allmächtige Richter im Himmel und auf Erden in seinem alten und neuen Bund mit den Menschen wider Bösewichter aus der Ewigkeit zu seinem ehemals beherrschten Volk aus den Gewittern spricht: Wer jemand mit einem Eisen oder Holz schlägt, daß er stirbt: der ist ein Totschläger und soll des Todes sterben, 4. B. Mos. 35, V. 16,18. Wirft er ihn mit einem Stein, damit jemand mag getötet werden, daß er davon stirbt: so ist er ein Totschläger und soll des Todes sterben, 4. B. Mos. 35, V. 17. Der Rächer des Bluts soll den Totschläger zum Tode bringen; wie er geschlagen hat, soll er ihn wieder schlagen, ibid. V.19. Den Totschläger soll man töten nach dem Munde zweier Zeugen, V. 30 – und ihr sollt keine Versöhnung nehmen über die Seele des Totschlägers: denn er ist des Todes schuldig und er soll des Todes sterben; und schändet das Land nicht, darinnen ihr wohnet: denn wer Blut schuldig ist, der schändet das Land, und das Land kann vom Blut nicht versöhnt werden, das darinnen vergossen wird, ohne durch das Blut des, der es vergossen hat; verunreiniget das Land nicht, darinnen Ich auch wohne, denn ich bin der Herr, der unter den Kindern Israel wohnt, 4. B. Mos. 35, V. 31–34, conf. 2. B. Mos. 21, V. 12 – und die Obrigkeit ist Gottes Dienerin, sie trägt das Schwert nicht umsonst; sie ist eine Rächerin über dem, der Böses thut, Röm. 13, V. 14. Wer Menschenblut vergießet, des Blut soll wieder durch Menschen vergossen werden, 1. B. Mos. 9, V. 6 – wer das Schwert nimmt, der soll durchs Schwert umkommen, Matth. 26, V. 26, Offenb. 13, V. 10 – und endlich, wenn Gott selbst durch Mose in seinen zehn Geboten spricht: du sollst nicht töten, und in seinem neuen Bund mit der Menschheit sich also erkläret: Wenn jemand das Gesetz Mosis bricht: der muß sterben ohne Barmherzigkeit durch zween oder drei Zeugen, Ebr. 10, V. 28: so ist es gewiß eine von Gott fordernde und den Staat sichernde höchste Gerechtigkeit, der nach Röm 13, V. 1 auf Erden von ihm gesetzten Obrigkeit, daß diese an Menschen würgenden Ungeheuern die Urteile Gottes vollziehe.

Karln, unserem durchlauchtigsten großen Landesvater war es von der über die Sicherheit der Menschen wachenden göttlichen Vorsehung vorbehalten, die hier vorgeführten Mörder und Räuber Hannikel, Wenzel, Duli und Nottele, und zwar die zwei ersteren aus der Mitte des entferntesten Auslands und von den fernen Grenzen des Schwäbischen Kreises durch ein großes Kommando abholen zu lassen, um höchst dero eigene wie fremde Staaten von ihrem abscheulichen Blutdurst und von ihrer äußerst schädlich gewesenen Raubsucht einmal zu befreien.

Noch schreiet das Blut des von ihnen bei Reutlingen erschlagenen herzogl. Grenadiers à cheval Christof Pfister um Rache zum Allmächtigen im Himmel, welches diese Wüteriche gefühlloser als die Barbaren in einem Lande vergossen haben, wo die drohendsten Gesetze Gottes und des edlen Fürsten die Sicherheit des Bürgers verheißen. Tollkühn wie die Tyrannen tobten diese abscheulichen Unmenschen in den Eingeweiden ihres erschlagenen Bruders und meinten, der Rache des allgegenwärtigen Gottes entfliehen zu können.

Aber Karl, der große Beschützer seiner Unterthanen, scheute die allergrößten Kosten nicht, diese von Gott entdeckte Mörder- und Räuberbande in den unwegsamsten Schweizergebirgen aufsuchen und dem Gericht überliefern zu lassen. So hoch der nach möglichen Kräften dazu behilflich gewesene biedere Helvetier diese gerechteste Handlung des jetzigen durchlauchtigsten Regenten Württembergs mit dem gefühlvollsten Danke für die Sicherheit seiner Staaten erhebt, so groß wird der Allmächtige diese nie genug zu preisende Gerechtigkeitsliebe des rühmlichst regierenden Herzogs Karl durch Fristung seiner teuren Lebenstage und durch Segnung seiner Lande jetzo und in Zukunft belohnen.

Aber schwarz wie die Hölle, ihr hier vorgeführten Mörder und Räuber, werden eure unmenschlichen Handlungen ewig auf dem Lande bleiben, das ihr geschändet habt; eine unbeschreibliche Empfindung durchdringt mein Herz, bei meinem wirklichen Amtsberuf eure Schand- und Greuelthaten dem Publikum, so viel die Kürze der Zeit gestattet, wenigstens summarisch bekannt zu machen.

Ich komme zuerst auf die Lasterbahn des berüchtigten Jakob Reinhard oder Hannikel, als Anführer und Hauptmann der Bande. Er ist seinen Angaben nach etlich 40 Jahre alt, katholischer Religion und zu Darmstadt geboren; man konnte aber, des mit vieler Sorgfalt in den Taufbüchern geschehenen Nachschlagens unerachtet, seinen Namen und Geburtstag nicht finden. Nach des einundsiebzigjährigen zu Darmstadt noch lebenden Tambours Philipp Mezenius Aussage hat dessen Vater Friedrich Reinhard geheißen, ist anno 1734 als Tambour von Darmstadt desertiert, dessen Vater, also Hannikels Großvater aber, der sogenannte Kleine Konrad, in den dreißiger Jahrgängen zu Gießen geradebrecht und von dem Sohne, des Hannikels Vater, auf dem Rad noch die Hosen ausgesucht worden, ob er kein Geld darin habe, bei welcher Exekution auch noch zwei Brüder von Hannikels Großvater mitgehenkt wurden.

Der alle Arten von Lastern hervorbringende Müßiggang brachte Hannikel bei Zeiten in die Gesellschaft der verderblichsten Zigeuner- und Räuberrotte, in deren er bis zu seiner Verhaftung von Jahr zu Jahr Sünden auf Sünden und Gräuelthaten auf Gräuelthaten häufte, wie aus folgender Erzählung zur Genüge erhellen wird …«

Diese Erzählung listete das Wesentliche aus den 45 Foliobände füllenden Untersuchungsakten auf und erstreckte sich auf alle Verurteilten. Den vier Todeskandidaten wurde die Zeit vor dem Sterben noch recht lang gemacht. Zum Schluß seiner Anklage wandte sich Schäffer an die Verurteilten mit den Worten: »Ihr habet jetzt einen sauren Gang vor euch, weilen ihr nun an eurem Leib empfangen sollet, was eure Thaten wert sind, denn der Lohn der Sünde ist der Tod. Aber das Ende dieses traurigen Gangs zur Richtstatt kann auch selig sein, und eure Seelen können noch vom ewigen Tod errettet werden, wenn ihr mit ernstlichem Gebet und Flehen Jesum, euren Erlöser, bittet, daß er in seinem Reich in Gnaden an euch gedenken und mit seinem teuren und blutigen Verdienste alle eure abscheulichen Sünden vor dem heiligen Angesichte seines Vaters, der das Böse nicht leiden kann, bedecken wolle. Wie gut wird euch dieses zu statten kommen, wenn ihr nun in wenigen Augenblicken vor dem hellglänzenden Richterstuhl des heiligen und gerechten Gottes erscheinen und allda Rechenschaft geben sollet von allem, was ihr Böses gethan habt! Da kann niemand für euch bitten als Jesus, da kann auch niemand retten als Jesus, darum haltet euch im Gebet und Glauben allein an ihn, so könnet ihr auch die selige Versicherung in eure Herzen bekom-

Rädern und Hängen von Räubern.

men wie jener Missethäter am Kreuz: heute sollt ihr mit mir im Paradiese sein. Die Erfüllung dieser göttlichen Gnadenversicherung wünsche ich von Herzen euren armen Seelen.«

Nachdem auf diese peinliche Anklage das Malefizgericht für Recht erkannt hatte, daß die Beklagten von dem Nachrichter zur Richtstatt geführt und daselbst mit dem Strang vom Leben zum Tode gebracht werden sollen, erhob sich der Stabhalter von seinem Sitz, brach über den Verurteilten vier Stäbe und empfahl ihre Seelen der Gnade Gottes. Darauf übergab er sie dem Nachrichter, Scharfrichter Belthle aus Tübingen, zur Vollziehung des verkündeten Urteils.

Schon am 10. Juli hatten der Oberamtmann Schäffer und der Magistrat der Stadt Sulz gemeinsam eine »Anordnung, wie es bei der den 17. Juli 1787 angestellten Exekution gehalten werden solle« entworfen. Dieses Programm, nach welchem sich der weitere Verlauf der Hinrichtung vollzog, bestimmte folgendes:

»Der Bürgerschaft zu verkünden: Ein jeder Hausvater solle besorgt sein, daß nicht jedermann aus dem Hause gehe.

Herr Bürgermeister Nestlen visitiert alle Thore,
Herr Hartenstein und Herr Walter das untere Thor,
Herr Schmid und Herr Michael das Bruckthor,
Herr Eyt und Herr Böhring das obere Thor.

Wenn die Exekution hinaus ist, werden die großen Thore zugemacht, die kleinen aber offen gelassen.

Unter jedes Hauptthor werden sechs Mann, unter die übrigen aber allwegen zwei Mann und auf den Marktplatz acht Mann gestellt. Sollte sich von verdächtigen Personen jemand auf eines oder des anderen Posten eindringen wollen, so solle derselbe gleichbalden einen Schuß thun und darauf solches eilend Herrn Bürgermeister Nestlen anzeigen.

Wenn die armen Sünder einmal aus der Stadt sind, werden die Feuerspritzen auf den Markt geführt.

Der Marsch der Exekution geht in folgender Ordnung:

1. vornen drauß reiten zwei Metzger,
2. darauf Herr Stabhalter mit entblößtem Degen,
3. zwei Metzger,
4. Herr Oberamtmann und Herr Stadtschreiber,
5. zwei Metzger,
6. Hauptmann Schüle mit entblößtem Degen,
7. Herr Leutnant Bräunlen zu Fuß, der den Zug führt,
8. fünfzehn Mann in drei Gliedern, samt einem Unteroffizier.

I. Vor den Malefikanten kommt der Wagen mit den Weibsleuten (aller damals in Sulz verhafteten Jauner, welche der Hinrichtung zusehen mußten); Dorfvogt Josef Wörner von Sigmarswangen mit acht Mann auf jeder Seite und sechs Mann voraus.

II. Der zweite Wagen mit den Mannskerl. Dorfvogt Johann Jakob Plocher von Holzhausen mit acht Mann auf jeder Seite und sechs Mann voraus.

Dann das Gefang.

Nach dem Gefang acht Mann in zwei Gliedern und ein Unteroffizier und

endlich die Malefikanten.

III. Heinrich Andreas Leinberger, vulgo Nottelen, als der erste Malefikant; neben solchem auf jeder Seite sechs Mann mit zwei Unteroffizier, wovon die zwei vorderen das Gewehr der eine links, der andere rechts, die übrigen aber auf den Schultern tragen;

acht Mann in zwei Gliedern, samt einem Unteroffizier.

IV. Johannes Reinhard, vulgo Duli, als der zweite Malefikant; neben solchem sechs Mann auf jeder Seite mit zwei Unteroffizier;

acht Mann in zwei Gliedern, samt einem Unteroffizier.

V. Franz oder Wenzel, der dritte Malefikant; neben solchem auf jeder Seite sechs Mann mit zwei Unteroffizier;

acht Mann in zwei Gliedern, samt einem Unteroffizier.

VI. Jakob Reinhard, vulgo Hannikel, der vierte Malefikant; neben solchem sechs Mann auf jeder Seite mit zwei Unteroffizier;

acht Mann mit einem Unteroffizier, dann

sechs Metzger, welche den Zug beschließen.

Hundertfünfzig Mann mit zwei Unteroffizier gehen vor dem Marsch hinauf und formieren auf dem Richtplatz einen Kreis.

In der letzten Nacht vom Montag bis Dienstag müssen 20 Mann mit einem Unteroffizier Wache halten bei dem Hochgericht.

In den drei letzten Tagen sollen unter jedes Thor drei Mann kommen, welche alle Stund abgelöst werden.

Die drei letzten Nächte sollen patrouillieren zwei Partieen in der Stadt und zwei Partieen außer der Stadt, jede Partie mit drei Mann und einem Unteroffizier, wo als Offizier die Herren Ratsverwandte alternieren.

Der Schloßwächter soll am Exekutionstag genaue Obsicht tragen.

Geistlicher Beistand bei einer Enthauptung (1509).

Zum Nachtzettelschreiber ist Herr Konditor Bräunlen beordert.

Werkmeister Johann Georg Müller und Maurer Georg Michael Bühler sollen Herrn Bürgermeister Nestlen bei Handen bleiben.

Jeder Amtsort solle samt Marschalkenzimmern vierzig Mann stellen.

Jedem Mann in und außer der Stadt, der bei der Exekution gebraucht wird, sollen zwölf Kreuzer aus der Amtspfleg gereicht werden.

Die Unteroffiziere sollen sich allein mit Pulver und Blei, auch Schrot vorsehen.

Zwei Tambour sollen neben den Wägen gehen.«

Gegen 12 000 Menschen waren am 17. Juli in Sulz zusammengeströmt, um Zeugen des letzten blutigen Aktes im aufsehenerregenden Hannikelprozeß zu sein, und nicht ohne Besorgnis traf Schäffer seine Vorkehrungen, um ein Unglück zu verhüten. Er hatte die Genugtuung, »daß kein Mensch nur beschädiget, nochviel weniger verdruckt worden«, obwohl selbst Frauen und Kinder unter den Zuschauern waren. Der Beichtvater Hannikels, Pfarrer Reininger, der zum Hochgericht vorausgegangen war, äußerte sein Erstaunen darüber so: »Da in dem sogenannten Kreise, der um die Richtstätte von bewaffneten Bürgern gezogen worden, viel Frauenzimmervolk sich einfand und dem Aufknüpfen der vier Kerls ganz gleichgültig zusah, so schloß ich damals, daß das Frauenzimmer in dieser Gegend weit beherzter sein müsse, als es in andern Provinzen Deutschlands nicht ist.«

Das Aufhängen geschah in der vom Urteil bestimmten Reihenfolge. Hannikel, der in einen hölzernen Lehnstuhl gesetzt wurde, sah tapfer zu und sprach den andern Mut und Standhaftigkeit zu. Als Duli die Leiter bestieg, fing er an, laut zu singen. Pfarrer Reininger bemerkt hierzu: »Dieses mußte bei den Zuschauern natürlicherweise verschiedene Eindrücke machen, und weil ich nicht zweifle, daß es auch Sr. Herzogl. Durchlaucht seltsam vorkommen wird, so nehme ich mir die Freiheit, über die Sache einiges Licht zu verbreiten. Hannikel brachte einen beinahe unversöhnlichen Haß gegen alles, was reformiert hieß, mit sich in die drei letzten Tage seines Lebens. Vorzüglich haßte er die evangelischen Geistlichen, und er glaubte, einen evangelischen Pfarrer zu bestehlen sei ebenso erlaubt und gottgefällig, als wenn man einem Juden das Seinige wegnahm. Nach all angewandter Mühe konnte ich nie herausbringen, durch wen er zu diesen niederträchtigen und verabscheuungswürdigen Gesinnungen verleitet worden sei. Indessen hatte dieser Haß so tiefe Wurzeln in seinem Herzen gefaßt, daß es mir gleich Mühe kostete, ihn von der Schuldigkeit, die evangelischen Geistlichen zu lieben und ihnen wohlzuwollen, zu überzeugen, als ihn zu bereden, daß auch der Hebräer unser

Nächster sei ... Diese Denkart wurde nun freilich nach Kräften verbessert ... aber wer ist stark genug, einem Menschen ein in der Jugend schon eingeflößtes Vorurteil in einer so kurzen Zeit ganz zu benehmen? Und wer hat auch bei dem besten Willen die Kraft, sich in eben dieser Zeit ganz davon loszumachen? ›Ich weiß nun wohl‹, sagte Hannikel, ›daß ich alle Menschen, sie mögen sein, wer sie wollen, wegen Gott lieben muß; auch reuet es mich, daß ich mich wider dieses Gebot so sehr verfehlt habe; aber ich weiß nicht, wie mir ist: ich kann ein für allemal mich nicht zwingen, mir von Evangelischen viel zusprechen zu lassen. Es geschieht dies nicht mehr aus Haß, sondern ich fürchte, auf einmal wieder verwirrt zu werden, und dann möchte vielleicht nichts Gutes herauskommen.‹ Ich wies ihn zum Beten und andern gottseligen Übungen an. ›Aber‹, widersetzte er, ›wenn man mir sehr viel sagen und ich merken sollte, daß ich aus meiner Fassung kommen möchte, was ist dann zu thun?‹ Hier war guter Rat teuer, denn ich war über diesen Punkt bereits ganz erschöpft. ›Es fällt mir was bei‹, fuhr er fort, ›was ich thun will, wenn es auf das Äußerste ankommen soll.‹ ›Und was dann?‹ ›Sobald ich merke, daß mein Mißtrauen gegen die Zusprüche der evangelischen Geistlichen aufwachen sollte, so will ich anfangen, laut zu singen.‹ ›Und welche Lieder?‹ ›Ich weiß eins von der Mutter Gottes von Einsiedeln und eins vom hl. Wendelin.‹ Dies war mit meinem Wissen Hannikels ganzer musikalischer Vorrat. Was war zu thun? In der Hoffnung, daß ihm das Singen wohl von selbst vergehen würde, wenn die Sache anfing, recht ernsthaft zu werden, schwieg ich und dachte, wenn es auch geschehen sollte, so würden vernünftige Menschen (denn die unverständigen kommen bei derlei Anlässen ohnehin in Anschlag) sein Unternehmen aus christlicher Liebe zu entschuldigen wissen. Mir war es genug, zu wissen, daß es eigentlich ein Hilfsmittel gegen eine eingestandene Schwachheit wäre, die abzulegen er nicht Kraft genug hätte.«

Hannikel selbst bestieg mit männlicher Fassung die Leiter. Mit einer für alle Zuschauer vernehmlichen Stimme hob er an zu sprechen: »Ich danke dem gnädigen Landesvater, Ihro Durchlaucht dem Herzog, für die gnädigste und gerechte Strafe. Sobald ich vor Gott komme, will ich für ihn beten. Ich bedanke mich bei der Obrigkeit und dem ganzen Lande Württemberg für alles, was man mir und den Meinigen Gutes getan. Ich bitte alle Menschen, die ich beleidigt habe, um Gottes Willen um Verzeihung. Ich danke meiner Mutter für jeden Tropfen Milch, den sie mir gereicht hat; sie ist an meinem Elend gar nicht schuldig. Ich bitte alle katholischen Christen, daß sie ein Vaterunser für mich beten und die es vermögen, eine heilige Messe für mich lesen lassen wollen. O liebe Mutter Gottes von Maria Einsiedeln steh mir bei, o heiliger Schutzengel und alle Heiligen verlasset mich nicht! O Jesus, sei mir gnädig, oh Jesus, sei mir barmher...« Der Strick um den Hals wurde angezogen, und Hannikel war von allem Übel erlöst.

Helfer Grundler von Sulz beschloß die ganze Handlung mit einer kräftigen Predigt an das versammelte Volk, in welcher er auch den Oberamtmann Schäffer mit folgender Ansprache feierte: »Sie, wohlgeborener Herr Oberamtmann, sind heute in der Hand Gottes und vor den Augen der Zuschauer ein Werkzeug der bestrafenden Gerechtigkeit Gottes. Dank, höchster kindlicher Dank fließe von uns allen vor all Ihre vielen Bemühungen, wodurch Sie die Ruhe und Sicherheit der menschlichen Gesellschaft und des Eigentums ihrer einzelnen Mitglieder durch die Bestrafung der Störer derselben wieder hergestellt haben. Genießen Sie von jetzt an in ununterbrochener Ruhe und Gesundheit den Ruhm Ihrer glorreich vollendeten Arbeiten, ja selbst den höchst beruhigenden Beifall Ihres gnädigsten Landesvaters!«

»Und hiermit hat denn«, schließt Schäffer seinen vom Herzog begehrten Bericht über die Exekution, »diese wichige und beschwerliche Inquisition, deren ich nach wirklichem Anscheinen meine Gesundheit gänzlich aufgeopfert, auch ihr Ende erreichet, auf welches nach der Äußerung vieler Fremden fast ganz Europa sehr begierig gewesen.«

Schäffer deckt einen Justizmord auf

Der Hannikelprozeß führte Oberamtmann Schäffer auch zur Aufdeckung eines schauerlichen Justizirrtums. In der Nacht des 24. September 1768 wurde in Mittelbronn, das zu Pfalzbronn im deutschsprachigen Lothringen gehörte, bei dem reichen Juden Cerf Moses ein unerhört dreister Einbruchsdiebstahl verübt. Die mit Schußwaffen bewaffneten Räuber hatten die Kirchentüren vernagelt, um das Läuten der Sturmglocken durch auf den Raub aufmerksam gewordene Bewohner zu verhindern. Die Bauern des Dorfes, denen die Bande verdächtig vorkam, wurden durch die Räuber mit dem Zuruf zurückgetrieben, daß sie ein pfalzburgisches Kommando seien und den Juden, weil er eingeschmuggelte Waren besitze, nach Pfalzburg (heute Phalsbourg) bringen müßten. So plünderten sie ungehindert das Haus des Juden, und dies taten sie mit unmenschlicher Grausamkeit. Sie schnitten der Frau des Juden die Ohrgehänge samt den Ohrläppchen weg und hielten dem Juden die brennende Fackel so lange unter die nackten Arme, bis er alle Reichtümer herausgab. Der Wert der Beute wurde auf über 18 000 Gulden geschätzt.

Wegen dieser Verbrechen wurden aber sieben Bürger aus dem benachbarten Lützelburg, französische Untertanen, angeklagt und ins Gefängnis geworfen. Sie leugneten die Tat. Der Jude und seine Angehörigen legten aber einen Eid ab, daß diese die Täter seien, worauf die Beschuldigten gefoltert und trotz der weiteren Versicherung ihrer Unschuld verurteilt wurden. Vier der Unglücklichen starben am 17. Februar 1769 in Metz am Galgen, die anderen drei wurden zu lebenslänglicher Galeerenstrafe verurteilt.

Schäffer bewies im Hannikelprozeß ihre völlige Unschuld, denn die Schuldigen an dem Raub waren allein Hannikel und seine Genossen, wie sich in dem Prozeß in Sulz herausgestellt hatte. Aufs tiefste erschüttert, schrieb Schäffer am 22. Januar 1787 an den königlich französischen Rat und Stadtrichter Schneider in Pfalzburg: »Mit Zittern ergreife ich dermalen die Feder, Euer Wohlgeboren zu melden, daß die sieben Personen ab denen drei Häuser zu Lüzelburg ganz unschuldig zum Tod und zur Galeere verurteilt worden, wie Sie der hir angeschlossene Auszug aus dem Inquisitionsprotokoll zur Genüge davon überzeugen wird. Ach mein Gott, wie wird es denen vier zum Tod Verurteilten zu Mute geworden sein, als sie die Todesbahne so unschuldig antreten und die übrige drei die Galeer unschuldig besteigen mußten, und wie werden deren hinterlassene Weib und Kinder bishero über die gottlose Juden geseufzt, daß sie ihnen einen Ehegatten und Vater so unschuldig von der Welt entrissen und aller Hilfe beraubet haben, diese werden fürwahr an jenem Tage eine große Anklage vor dem Richterstuhl Gottes finden. Aber sagen Sie mir doch, mein theurister Herr Rath, haben Sie dann Criminalgesetze, daß man jedoch Angeklagte zum Tode verurteilen darf, wenn sie auch lediglich nichts, ja sogar auf der schrecklichen Folter nichts eingestanden haben? Vor die unglücklich hinterlassenen sieben Familien will ich übrigens Euer Wohlgeboren anjetzo auf das Angelegentlichste bitten, daß dieselbe sich doch dieser armen Leute auf das kräftigste annehmen und ihnen zu einer gerechten Satisfaction von des Juden hinterlassenem Vermögen von wenigstens 20 bis 30 000 Gulden zu einiger Indemnisation des erlittenen zwar unersetzlichen Verlusts verhülflich sein, und diese arme höchst bedauernswürdige Leute doch nicht stecken lassen möchten, und daß der (von der Galeere entflohene) noch in der Irre herumlaufende Josef Siegler unverweilt wiederum zu den Seinigen zurückkehren darf!«

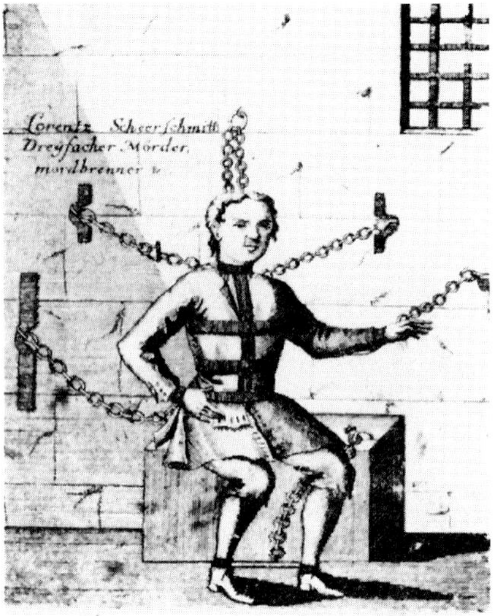

Dreifacher Mörder in der Haft. Kupferstich des 18. Jahrhunderts.

Der Oberamtmann von Sulz begnügte sich nicht damit, die württembergische Regierung und selbst den Herzog unmittelbar um Vermittlung zugunsten der schwer verletzten Gerechtigkeit anzugehen. In dem Geheimen Rat Baron Frank in Straßburg gewann er einen edlen und eifrigen Förderer und Fürsprecher für diese Sache. »Er nimmt sich auf mein an ihn diesfalls erlassenes dringendes Bittschreiben, das ihm Gott dereinstens vergelten wolle, der hinterlassenen unglücklichen Familien sehr an und durch sein großes Ansehen in Paris hat er die Sache bereits selbst in Paris so weit gebracht, daß die Sache vor den gerechten König schon gebracht worden, der seinen unglücklichen Unterthanen gewiß Gerechtigkeit widerfahren lassen wird«, rühmte Schäffer Baron Frank bei der Hinrichtung Hannikels. Aber das Jahrhundert ging zu Ende, ohne daß es Schäffer gelang, die erstrebte Genugtuung zu erreichen. In einem »unterthänigsten Anbringen« des herzoglichen Geheimen Rats vom 16. April 1801 wird dem Herzog berichtet, daß das Oberamt Sulz diese Angelegenheit wiederum in gnädigste Erinnerung gebracht und gebeten habe, diese Sache durch den herzoglichen Gesandten in Paris an das französische Gouvernement bringen zu lassen.

»Aus den angeschlossenen wie auch den Geh. Räthlichen Akten«, fährt der Bericht fort, »geruhen Ew. herzogliche Durchlaucht gnädigst zu ersehen, daß schon im Jahr 1787 sich herzoglich württembergischerseits dieser Unglücklichen und ihrer Verwandten angenommen und dem damaligen herzoglichen Gesandten in Paris, Minister von Thun, der Auftrag, sich für die Verwandten der Verurteilten in Ansehung ihrer nachsuchenden Satisfaktion zu verwenden, erteilt, auch diese Sache wirklich durch den Großsiegelbewahrer an den König von Frankreich gebracht worden ist, daß aber die Verwandten der Unglücklichen, wahrscheinlich wegen der ausgebrochenen französischen Revolution, zu keiner Satisfaktion haben gelangen können. Da nun, wie die herzogliche Regierung in ihrem unterthänigsten Bericht vermerkt, schon im Jahr 1787 von den auf die Galeeren verurteilten Unglücklichen nur Einer noch am Leben war, welcher durch die Flucht seiner Strafe entgangen ist, mithin die Genugthuung, welche die Verwandten der sieben Unglücklichen wünschen, hauptsächlich auf die Wiedereinsetzung in den Besitz des confiszirten Vermögens und der Ehre geht, so stellen unterthänigst Subfiguirte dem höchsten Ermessen anheim, ob diese Sache bei den gegenwärtigen Umständen, und da sich nur ein außerordentlicher herzoglicher Gesandter in Paris befindet, bei dem französischen Gouvernement in Anregung zu bringen und sich mit dieser, den diesseitigen Negotiationen ganz fremden Sache zu befassen sein dürfte.«

Der Herzog gab darauf am 25. April zu erkennen, »daß die Betreibung der invermelten Angelegenheit nicht Sache des herzoglichen Gesandten in Paris sein könne. Glaubt aber die Herzogliche Regierung, daß hierin etwas geschehen müsse, so muß dieses solange aufgeschoben werden, bis die Akten in causa einem etwa zu Stuttgart künftighin zu ernennenden französischen Gesandten übergeben werden können.«

Damit scheint diese Tragödie menschlichen Irrens, in der einzig der Oberamtmann von Sulz noch eine ruhmwürdige Rolle spielt, der Vergessenheit anheimgefallen zu sein, ohne daß ein versöhnender Schlußakt gefunden wurde.

Vom Räuberfänger zum vielgelesenen Schriftsteller

Die aufwendigen Reisen zur Verfolgung der Räuberbanden und die zu seiner Zeit wohl in ganz Schwaben umfassendsten Inquisitionen in Sulz zehrten stark an Schäffers Kräften. Aber der Sulzer Oberamtmann fand, hatte er eine Untersuchung abgeschlossen, keine Ruhe. »Meine von jeher schwache Brust«, schrieb er am 23. Juni 1787 an den Herzog, »hat durch das unaufhörliche Arbeiten bei Tag und Nacht an der Zigeunerinquisition abermalen einen ziemlichen Stoß erlitten. Ich wünsche deswegen nach der bevorstehenden Zigeunerexekution eine kleine Luftveränderung vorzunehmen und zu meinen Freunden nach Tuttlingen reisen zu dürfen.«

Trotzdem ließ er noch im gleichen Jahr eine neue, aufgrund von vierzig Bänden in- und ausländischer Untersuchungsakten hergestellte »Zigeunerliste« in Druck gehen. Sie enthält die »genaue Beschreibung des zum Schaden und Gefahr des Gemeinen Wesens meistens in Schwaben, auch in Böhmen, Ungarn, sodann in denen Hessen Hanau-Lichtenbergischen Landen, und besonders bei Pirmasens herum sich aufhaltenden und herum vagirenden Räuber- und Zigeuner-Gesindels, wie solche von der dahier (in Sulz) in Verhaft gelegenen von denen dißseitigen Oberämter Nagold, Königsbronn und Altenstaig, auch anderen Orten anhero eingelieferten, auch zum Teil mit großen Kosten zu Chur in Graubündten abgeholten Zigeuner- und Mörderbande während dem Inquisitions-Proceß mit äußerst vieler Mühe entdeckt, und beschrieben, auch vor ihrer Hinrichtung und Abführung auf die Vestung Hohentwiel und in das Zucht- und Arbeitshaus zu Ludwigsburg wiederholter bestätiget worden ist. Nebst einem Anhang der aus diesem Mörder- und Räuberhauffen hie und da justificirten oder sonst entweder natürlichen oder gewaltsamen Todes verstorbenen Personen«.

Die Liste enthielt einschließlich der Hannikelfamilie 347 Zigeuner, deren Porträts Schäffer mit sicheren, kräftigen Strichen in anschaulicher Naturtreue gezeichnet hat. Was aber dieser Liste besonderes Interesse verlieh, war die von ihm beigegebene »kurze Schilderung von dem National-Karakter der in Teutschland sich noch aufhaltenden Zigeuner und Jauner« – eine nach Schäffers Aussage »treffliche« Darstellung ihrer körperlichen Eigenschaften und Geistesfähigkeiten, ihrer Erziehung, Sprache, Religion und Moral, Sitten, Gesetze und Gebräuche, ihres Familienlebens und ihrer Verfassung. Es sind oft seltsame Dinge, die Schäffer zu berichten weiß: Einem untreuen Weib wird die Nase abgeschnitten, von der Verschwommenheit und Unklarheit der Religionsbegriffe der »Zigeuner und Jauner« gelte ein bei den Wallachen in Siebenbürgen gemeines Sprichwort: daß die Kirche der Zigeuner aus Speck gebaut und von den Hunden gefressen worden sei.

Die Jaunerliste von Oberamtmann Schäffer, die erstmals 1784 erschien und nach dem Zeugnis des markgräflich badischen Hofrats Roth von Emmendingen durch ihre Genauigkeit und Zuverlässigkeit alle früheren Jaunerbeschreibungen weit übertraf, hatte für die damalige Strafrechtspflege einen unschätzbaren Wert. Indem sie aufgrund von Untersuchungsakten und nach Angaben verhafteter und verurteilter Jauner die flüchtigen Verbrecher mit ihrem richtigen und falschen Namen benannten, ihr Aussehen, ihre Kleidung und ihre besonderen Merkmale und Kennzeichen beschrieben, sie nach ihrem Alter, Gewerbe und Aufenthalt, nach ihren Diebsgewohnheiten und den von ihnen verübten Freveltaten genauestens aufgelistet und gedruckt an die Beamten des In- und Auslandes verschickt und wechselseitig in

Umlauf gesetzt wurden, leisteten sie den Behörden wie auch der Bevölkerung für die Entdeckung und Einfangung der Jauner außerordentliche Dienste. Schäffer scheute keine Mühe, diese Listen von Zeit zu Zeit richtig zu stellen und zu ergänzen – die Jaunerlisten gehören zu seinen verdienstvollsten Bemühungen um die wirkungsvolle Bekämpfung des Räuberunwesens seiner Zeit. 1801 veröffentlichte er eine dritte, 1811 eine letzte umfangreiche »Beschreibung derjenigen Jauner, Zigeuner, Straßenräuber, Mörder, Markt-, Kirchen-, Tag- und Nachtdiebe, falschen Geldmünzer, Beutelschneider, Wechsler, Spieler und anderen herumvagirenden liederlichen Gesindels, welche teils in Schwaben, dann in der Schweiz, Bayern, in der Pfalz, am Rheinstrom, Boden- und Zürchersee, Frankreich, Tirol, auch noch in anderen Ländern wirklich noch herumschwärmen.«

Über den Verfasser des im Jahr 1787 anonym beim Verlag Johann Friedrich Heerbrandt in Tübingen herausgegebenen Buches »Hannikel – ein wahrhafter Zigeuner-Roman« herrscht bis heute nicht eindeutige Gewißheit. Eggert geht in seinem Buch über Schäffer davon aus, daß der Oberamtmann selbst diesen Roman verfaßt hat, der sich eng an die Kriminalakten der Räuberinquisition um Hannikel hält. Am 22. und 28. August habe Schäffer, so schreibt Eggert, von dem Prälaten von Weingarten und aus dem Reichsstift Salmansweil Danksagungsschreiben für die Übersendung seines Zigeunerromans erhalten. Der Roman sei in der Hauptsache – so Eggert – nichts weiter als ein in erzählende Form gebrachter Auszug aus den Untersuchungsakten mit eindeutig pädagogischer Absicht. In seinem Vorwort schreibt der Verfasser des Hannikel-Romans: »Zehnfach gesegnet würden mir die Stunden sein, die ich zu dem Entwurf dieser Geschichte verwandt habe, wenn da und dorten ein Unmensch über diesen schauervollen Auftritten seiner Kameraden zum Besinnen kommen, sich die traurigen Folgen seines lasterhaften Lebens vor Zeit und Ewigkeit vorstellen, reumütig an seinen Busen schlagen und bewogen würde, den glücklichen Rückweg

Hannikel,
oder die
Räuber- und Mörderbande,
welche
in Sulz am Nekar in Verhaft genommen,
und am 17ten Jul. 1787. daselbst justificirt
worden.

Ein
wahrhafter Zigeuner-Roman
ganz aus den Kriminal-Akten
gezogen.

Tübingen,
Jacob Friderich Heerbrandt

Titelblatt des »wahrhaften Zigeuner-Romans« über Hannikel, wahrscheinlich verfaßt von dem Pfarrvikar Christian Friedrich Wittich, der Hannikel vor seiner Hinrichtung geistlichen Beistand gegeben hatte und mit Schäffer eng befreundet war. Veröffentlicht in Tübingen im Jahr 1787.

des verlorenen Sohnes zu seiner Rettung noch bei Zeiten zu betreten, um das offene Ziel der Begnadigung wirklich zu erreichen!«

Kultur- und Sprachwissenschaftler gehen heute aufgrund der Diktion der Sprache des Hannikel-Romans davon aus, daß Schäffer nicht der Verfasser des Romans sein dürfte, sondern Christian Friedrich Wittich. Dieser war Vikar in Sulz und hatte Hannikel vor dessen Hinrichtung geistlich beigestanden. Da er mit Schäffer eng befreundet war, hatte er auch direkten Zugang zu den Inquisitionsakten, auf die er für »seinen« Roman zurückgreifen konnte.

Das Schwabenlied hingegen, das in volkstümlicher Weise Hannikel und seine Taten nach einer Leierkasten-Melodie besingt, soll keinen Geringeren zum Verfasser haben als Oberamtmann Schäffer selbst. Hier soll von den achtzig Versen des Gedichts der Anfang und Schluß mitgeteilt werden:

Euch lieben Leuten zu gefallen,
Erzehl ich, wer Hannikel war,
Und leg von Seinen Thaten allen
Euch hier die schauervollsten dar.
Ein Mann von fünfundvierzig Jahren,
Starkknochigt, kurz, im Blicke wild,
Halbkahl, mit schwarzem Bart und Haren
Und Farbe, ist Hannikels Bild.
Entsprossen vom Zigeuner-Saamen,
Verwarloßt an der Eltern Hand,
War Er, geweyht durch Seinen Namen,
Schon jung ein Glied am Räuberband.
Zween Brüdern, deren einer Gender,
Der andre aber Wenzel hies,
Bot Er den Arm, womit Er leider
Sie mit sich bis zum Abgrund ries.
Flink, listig, stark, mit heisem Blute,

Trat Er bei seinem Schwarm hervor,
Und stund, mit unerschroknem Mute,
Vierhunderten als Hauptmann vor.
Er kommandirte seine Leute
Hauptsächlich nur auf Raub und Mord,
Sprach er: hier machet eine Beute!
So folgten sie aufs erste Wort.
Bewafnet mit Pistol und Flinte,
Mit Rus beschmiert, im Jäger-Rock
Gieng Er; es füllte seine Hände
Sehr oft ein dickgebähter Stock.

Nach dieser Schilderung Hannikels folgt die seiner Taten. Zuletzt kommt der Verfasser zu »Pfisters Mordgeschichte, an jene unerhörte That, wovon der Leser durch Gerüchte bereits schon viel erfahren hat.«

Ha, Welch ein grausames Beginnen!
Wem weint hier nicht sein Menschenherz?
Mir stoken selbst Verstand und Sinnen
Beim namenlosen Höllenschmerz.
Noch wirft der Arme rohe Blicke,
Gefärbt von Blut, mit vieler Müh
Auf seinen Mörderschwarm zurüke,
Und lallt Vergebung über sie.
Doch statt des Mitleids und dem Neuen,
Statt einem tief gerürten Ton,
War noch ein Ribstoß ihr Verzeihen,
Drauf stürzten sie sich schnell davon.
Denkt! Toni lebt noch zwanzig Stunden,
Die Nacht hindurch blieb er allein;
Ein Reifen blies in seine Wunden,
Wie bang mags ihm geworden seyn!
Die Mörder flüchten weit von dannen;

Graf Salis findet ihre Spur;
Gleich sah Ers ihnen an, von wannen
Sie sind, und lüfert sie nach Kur.
Nach eingezogenen Berichten
Gibt man sie der Justiz in Sulz.
Wie? gehn sie gern dahin? mit nichten;
Es mehrt das Zittern Ihrer Puls.
Man untersuchte ihr Vergehen
Mit Müh, es war der Aktenstoß
Beinahe nicht zu übersehen,
Und vierundzwanzig Bände gros.
Die Mörder und die Lasterknechte,
Spricht jetzt das Urtheil unbedingt,
Die werden nach des Höchsten Rechte
Und nach des Fürsten aufgehängt.
Man thuts, Hannikel schließt die Scene
Sieht seine Brüder allzumal
Am Strang, und stirbt mit wilder Miene
Als ein Zigeuner General.

Kriminalist und Sozialarbeiter

Das Verbrechen ist ein Unglück: Diese Erkenntnis gewann Schäffer aus Hunderten von Lebensgeschichten der von ihm angeklagten Jauner. Gewissenhaft ging er deren Leben bis in die früheste Jugend nach. Er war dabei zu dem Schluß gekommen, daß die Gerechtigkeit blind ihres Amtes walten würde, wenn sie bei der Beurteilung und Bemessung der Schuld des Verbrechers die Umstände von Geburt und Erziehung, die Fehler der Gesellschaft und die sozialen Mißverhältnisse der Zeit übersehen würde, welche die Entwicklung des Menschen zum Verbrecher mitverschuldet haben.

Verbrechen und Strafe müssen auch unter soziologischen Gesichtspunkten betrachtet werden. Die Aufgabe der Strafe sei die Bekämpfung des Verbrechens als soziale Erscheinung: Dieser erst im Jahr 1889 von der internationalen kriminalistischen Vereinigung aufgestellte Erkenntnissatz wurde von dem schwäbischen Oberamtmann in Sulz schon hundert Jahre zuvor gelehrt, und noch mehr: Schäffer war bemüht, ihm in der Praxis und in der Gesetzgebung Anerkennung zu verschaffen. Auch ihm war die Strafe eines der wirksamsten Mittel, das Verbrechen zu bekämpfen – aber nicht das einzige. Indem Schäffer das Verbrechen in Zusammenhang mit dem Leben des einzelnen wie mit der Gesellschaft insgesamt untersuchte, erkannte er dessen Ursachen und suchte nach Mitteln, Verbrechen zu verhüten. Seine Jahresberichte an die Regierung gaben ihm wiederholt Veranlassung, auf bestehende soziale Schäden hinzuweisen und seine Finger in die Wunden der Zeit zu legen. So beklagte er unter anderem die zu vielen

Liber Vagatorum
Der Betlerorden.

»Liber Vagatorum – Der Bettlerorden« – diese Klassifizierung der Bettler und Vaganten, verfaßt wahrscheinlich von Matthias Hütlin, Spitalmeister des Hl. Geistspitals in Pforzheim, wurde im 16. Jahrhundert in Nürnberg veröffentlicht.

Feiertage, »die dem gemeinen Mann so viele Gelegenheit zum Müßiggang und zur Völlerei geben; die vielen Wirtshäuser, die den Verschwendern alle Gelegenheit verschaffen, ihre zügellosen Leidenschaften und Ausschweifungen im Essen und Trinken nach Lust zu befriedigen, was schon manche Familien nach Leib und Seele in den gänzlichen Ruin gestürzt habe; die in mancher Gegend eingeführten Zechhochzeiten, die gemeiniglich drei bis vier Tage währen; den zunehmenden Kleiderluxus in der Stadt und auf dem Lande, besonders bei dem weiblichen Geschlecht; den Verfall der Armenanstalten; den Mangel an guten Schulmeistern, und daß solchen Fehlern nicht früher dadurch abgeholfen werden könne, daß die Besoldungen der Landschulmeister verbessert werden und dabei Sorge getragen würde, daß soviel wie möglich eigene Schulhäuser in den Dörfern erbaut würden. Auch sei Bedacht darauf zu nehmen, wie durch besondere Anstalten tüchtige Schulmeister nachgezogen werden können.«

Um den Teufelskreis zu unterbrechen, gelang es Schäffer, eine landesherrliche Entschließung zu erreichen: Die Kinder der verurteilten Jauner sollten ab acht Jahren in das Waisenhaus in Ludwigsburg aufgenommen und erzogen, die jüngeren auf Kosten des Staates in Sulz bei rechtschaffenen Bürgern in Kost und Pflege gegeben werden. In seiner Zigeunerliste von 1787 legte Schäffer den Machthabern folgende »patriotischen Wünsche und Vorschläge« zur Beherzigung vor: »Möchte doch (denn das würde wohl das beste Hilfsmittel sein) jeder deutsche Reichsfürst in den ihm anvertrauten Staaten ein besonders für Zigeuner, Jauner und Vaganten aller Art bestimmtes Arbeitshaus gnädigst errichten lassen, alles herumziehende Gesindel in dasselbe ohne Nachsicht verweisen, ihre Korrektion aber biederen, edeldenkenden, in der Menschenkenntnis bewanderten und erfahrenen Männern übertragen: gewiß, sie würden den auch unter dem Troß der Menschheit oft noch verborgenen guten Funken wieder anblasen, sie zu besseren, brauchbaren Gliedern der Menschenfamilie umbilden und auf diese Weise des Landes Ruhe und Sicherheit und Menschenwohl um sich her verbreiten! Ja, würden solche biederen Männer nicht der Feuerhaken sein, welcher zu hunderten ihre vernünftigen Mitgeschöpfe der wütenden und alles verzehrenden Flamme des Leichtsinns, der Wollust und Irreligiosität entrisse? Sollten nun die klugen Erzieher und Leiter dieses verwilderten Zigeunervolks wirklich mehrere Glieder desselben auf bessere Wege gebracht haben und Beweise davon abzulegen imstande sein, so wäre solchen zu gönnen, daß ihnen die Türen ihres bisherigen Arbeitshauses wieder geöffnet, daß sie in die civilisirte freie Menschengesellschaft eingeführt, in Städte und Dörfer einzeln und weislich verteilt bürgerlichen Gesetzen unterworfen, mit dem Untertanenrecht beschenkt, vor Mißhandlungen gesichert, ihnen einem ehrlichen Gewerb und Nahrung verholfen; jeder Ortsobrigkeit deswegen besonders empfohlen, zu einer guten Lebensart und Landessprache angehalten, bei andauernden Proben ihres Fleißes und Wohlverhaltens sich mit den Eingebornen zu verheiraten gestattet, durch ausgezeichnete Belohnungen zum Guten angefeuert und so fort bei immer mehreren Fortschritten auch zu besonderen Ehrenstellen erhoben würden. Dadurch würde nicht nur ein beträchtlicher Teil der Menschheit gebessert, sondern auch die einem Lande so nützliche und zu dessen Flor unentbehrliche Volksvermehrung erzielt werden.«

Wer bedenkt, mit welchen – auch rassistischen – Vorurteilen gerade von staatlicher Seite in jener Zeit Minderheiten ausgegrenzt wurden, der erst wird die Fortschrittlichkeit der Gedanken Schäffers erkennen. Die sittliche Wiedergeburt des Verbrechers und seine Wiedereinführung in bürgerliche Verhältnisse und Rechte waren seine Ideale. Lange Zeit nach ihm sollte dieses Ideal die Aufgabe und das Ziel jeder vernünftigen Strafrechtspflege im christlichen Rechtsstaat werden.

Rechts: General-Jauner-Liste ... über Die in Schwaben ... herumschwärmenden Jauner ..., verfaßt von dem Badischen Hofrat Friedrich August Roth, veröffentlicht in Karlsruhe 1800.

Namen.

B. b.

	Namen	Character
	Oberdisch. L. N. 2. Frauenfeld. L. v. 1797 N. 52. Sulzer L. v. 1799.	
387.	Brandenburger Schmid, ist schwarz und hat an einer Hand einen eingebogenen Finger. Schorndorf geschr. L. N. 30.	Stappler
388.	Brandenburger Sepple, ein Haarschuhmachen 27 Jahr alt, mittelgros, langen bleichen Angesichts, schwarzer in eine Rolle gewickelter Haare. Oberdisch. L. N. 1431.	Jauner.
	Brandstetter Rosel, s. kleine Brandstetter Rösel.	
389.	Bräuknecht Franzel, mitler besezter Postur, rothlechten Angesichts, zahnlukigt, schwarzer Haare. Oberdisch. L. N. 438.	Jauner.
390.	Bräu Hanns, 26 Jahr alt, gros rahn, rothlechten Angesichts, schwarzbrauner Haare, laust als Müller, hatte die Hare-Gundel zum Kebsweib. Oberdisch L. N. 1190.	Jauner.
	Bräule, s. Schwaben Bräule.	
	Bräulens Marian s. Mariann.	
	Braun, Antoni, s. grose oder Schmezlens toni.	
	Braun, Joseph s. Baltesen Sepplen.	
391	Bregenzer, Conrad, von Urbach gebürtig, ein Beck. Schorndorfer. geschr. L. N. 11.	Falscher-spieler.
392.	Bregenzer Müller, von Bregenz gebürtig, gros untersezt, gelbe Haare. Müns. L. v. 1788. Nro. 6.	Erzjauner.
	Breisacher, oder Breisgauer Adamlens Sohn, s. Melchior.	
	Breisacher, oder Breisgauer Adamlens Sohn Baschi, s. Baschi.	
393.	Breisacher Martin, auch nur der Martin genannt, alt und tragt einen Schnauzbart. Sulzer. L. v. 1784. p. 72. N. 163. Schweizer L v 1787 N. 39.	Jauner.
394.	Breisacher Adamlens Sepple, erst 12 Jahr alt, schön von Gesicht, rothbrauner gestrackter Haare. Frauenfeld L. v. 1797. N 64.	Dieb.
	Breisacher Martins Sohn, s. Adämle.	
395.	Breisgauer-Bärbel, Kebsweib des Bartelens 34 Jahr alt, mittelgros, rahn, rothlechten Angesichts, blonder Haare. Oberdisch. L. N. 841.	Jaunerin.
396.	Bremin, Catharina, eine Konkubine des gehenckten Hannickels, gros, starck, graue Augen, schwarzbraune Haare, verh. zu Ludwigsburg. Sulzer. L. N. 27.	Jaunerin.
397.	Brendemmer Lieselen, des Thusismanns ates Weib. Sulzer L. v. 1784 p 82 N. 26.	Vagantin.
398.	Brenntoni, kurz, dick, braun, schwarze Haare, führt Gewöhr ben sich. Althauser L. N. 41.	Erzjauner.
399.	Brigitta, verh. mit dem Krattenmacher Tomas, alt, graue Augen, braune Haare. Sulzer. L. v. 1784 p. 33. N. 188.	Vagantin.
	Brigitt s. Suppenbettlers Brigitt.	
	Brigitt, s. Zundel Brigitt.	
400.	Brittemer Hanneß, oder Johannes Schneider von Britten im Würtembergischen gebürtig, mittelmäßig gros, und rothlecht, braune Haare, graue Augen. geschr. Müns. L v. 1784. N. 9. Stutg. Wochenbl. v. 17 Jan. 1784. N. 9.	Stappler
401.	Brösamlen Geiger 60 Jahr alt klein mager, schwarzlechten eingefallenen Angesichts mit herunter hängenden Haarn auf beiden Seiten Locken, graue in einen Zopf gebundene Haare, tragt einen Hirschfänger spricht sehr schnell und unverständlich. Sulzer L. v. 1799.	Jauner

	Namen	Character
40.	Brösamlen Geigers Franz Sepp dessen Sohn, 28 Jahr alt, gros, starck blassen vollkommenen Angesichts mit einem starken Backenbart, gelber in einen Zopf gebundener Haare mit Haarlocken. Sulzer L. v. 1799.	Dieb. und Fählinger.
403.	Brösamlen Geigers Friedle, 34 Jahr alt, mittelgros, mager, schwarzen blattermäsigen Angesichts, schwarzbrauner Haare, redet geschwind und unverständlich. Sulzer. L. v. 1799.	Dieb. und Fählinger
404.	Bronno, oder Salbenmanns Bronns, ein Krattmacher, 43 Jahr alt, gros starck, rothlechten Angesichts, rother Haare. Oberdisch. L. N. 1164. Sulzer L. v. 1799.	Jauner.
	Bronnos, oder Salbenmanns Hanneßle, s. Hanneßle.	
405.	Bronnen Caspers Tochter, verh. mit dem Scherenschleifer Trommeter. geschr. Müns. L. v. 1783. N 114.	Vagantin.
406.	Bronnen Michel, ein eingefallenes gefaltetes Moppergesicht, triefende Augen, starcke halbe Wolfszähne, eine dicke Nase. Sulzer. L. v. 1784. p. 110. N. 284. geschr. Thenger. L. N. 21. Oberdisch. L. N. 593.	Erzdieb.
407.	Bronnen Regel Jacob, gros, rahn, schwarz, braune Augen und Haare, ein Kochlöffelmacher. geschr. Müns. L v. 1785. N. 190.	Vagant
408.	Bronnen Regel Joseph mittelmäsig gros, weisgraue Augen, braune Haare. geschr. Müns. L. 1785. Nro. 373.	Vagant
409.	Bronnen Regel Caspar, groß, dürr, schwarz mit dergleichen Augen und Haar, ein Korbmacher. geschr. Müns. L. v. 1785. Nro. 106.	Vagant
	Bruchjeckel s. Hannß Jerg	
410.	Bruinen Kether, ein Günzburgerin, schwarzbraun, blattermasig, schwarzbraune Haare, hat Verkehr mit dem Weber. Altstätter Prot. v. 1786. Nro. 585.	Erzjaunerin
411.	Brückerin, Franziska, der Grosen Schwabenen Tochter, und Kebsweib vom Schwaben Martins Xaver, 26 Jahr alt, mittelgroß, bleich, schwarzbrauner Haare. Sulzer L. v. 1799.	Jaunerin.
412.	Buchbeschläger Hanneß, mittelgroß, schwarzlecht, schwarzer Augen und Haare. geschr. Müns L. v. 1785. Nro. 125.	Erzjauner. Strassen. Post und. Kirchenräuber.
	Buchbinder, s. Bernhard.	
413.	Buchelis Martin, klein, mager, blattermäsig, eine gebogene Nase, weislechte Haar und Augen. Altstetter Prot. a 1786. N. 582.	Jauner.
	Buchlöer Bäbe, s. Ruppin Barbara.	
	Büchen Bub, s. Lindle.	
414.	Buckel, von Albertshofen, mittelm. groß, rothfarbig, braune Haare, ein Spielmann, ingel. zu Bregenz.	Jauner.
415.	N. N. dessen ungenannte Schwester. Buchauer L. Nro. 73	
416.	Buckelte Adam, ein Convertit aus dem Würtembergischen, hat einen grosen Buckel, ingel. zu Dürmedingen. Sulzer L. v. 1784. p. 114. Nro. 311. Thenger L. Nro. 15.	Jauner.
417.	Buckelte Ludwig, 39. Jahr alt, klein, bucklicht, bleich, schwarzbrauner in einen Zopf gebundener Haare, führt Pistolen und Stilet, und der besessenen Käther Tochter Käther als Kebsweib mit sich, ingel. zu Riegel. Sulzer L. v. 1799.	Erzjauner.
418.	Bukelte Krämerin, oder Ganzewelt, ein altes Mensch von weisgefaltetem Angesicht, bukligt trägt immer einen Gukkasten mit sich. Oberdisch. L. Nro. 303.	Beutelschneider

Unermüdlich bis ans Lebensende

Nach dem Abschluß des Hannikelprozesses kamen böse Gerüchte auf: Nottele, einer der hingerichteten Haupttäter, hatte vor seinem Tod verraten, daß die Zigeuner Hellele und Dodelo mit ihren Kameraden verabredet hätten, daß – wenn die Nächte kürzer werden – sie über den Rhein herüberkämen und den Oberamtmann solange abpassen würden, bis sie Gelegenheit hätten, ihn zu töten. Und wenn sie ihren Zweck nicht erreichten, wollten sie sonst Unglück und Schaden im Württembergischen anrichten. Dodelo und seine Söhne wollten sich als Bergknappen verkleiden und als Musikanten herumziehen, weil sie gut aufspielen konnten, Hellele und die andern aber sich als Soldaten ausgeben. Ein paar Tage später schon machte ein Bürger von Bergfelden in Sulz die Anzeige, daß ihm bei dem Kloster Kirchberg drei grüngekleidete Kerls mit Hirschfängern begegnet seien, die ihn als einen Württemberger erkannten und gleich einen Hund gescholten, von der Hinrichtung Hannikels gesprochen und gedroht haben, daß sie die Stadt Sulz anzünden wollten.

Schon vorher hatten wohlmeinende Warner ihre Stimme erhoben. Der Stabsvogt Brennlin von Hohenmühringen und der Hofrat und Obervogt Schmidner von Felldorf sandten heimliche Botschaften des gleichen Inhalts nach Sulz: daß das Leben des Oberamtmanns ernstlich in Gefahr sei. Die Zigeuner wollten ihre Kameraden diesseits und jenseits des Rheins – wenigstens zweihundert Mann stark – versammeln, sich im Württembergischen an verschiedenen Orten verteilen und sengend und brennend umherziehen. Zuerst aber wollten sie den »Bluthund von Sulz vom Brot schaffen« und ihn entweder, wenn sie so nahe kommen konnten, in Stücke hauen oder tot schießen; denn wenn dieser »Blutigel« einmal von der Erde sei, so hätten sie keine Nachstellungen mehr zu befürchten, weil die andern Beamten sich nicht so viele Mühe gäben und vor ihnen Angst hätten. »Wohlgeborener Herr! Ich hoffe, Sie werden als ein vernünftiger Mann aus eigener, Ihrer Frau und Kinder Liebe sich in Acht nehmen und ohne genugsame Bedeckung nicht einmal zum Thor, vielweniger über Feld hinaus sich begeben. Die verfluchten Zigeuner, die Unmenschen und Barbaren achten ja das Leben eines Menschen wie eine Katze, und wie erschrecklich wäre es, wann Euer Wohlgeboren, der sein Leben schon so oft für den Staat, der allgemeinen Sicherheit halber in Gefahr gesetzet, von diesen Bösewichtern sollte getötet und Dero liebe Frau und unschuldige Kinder ihres Vaters beraubet werden«, stand in einer der Botschaften, die Schäffer erreichten.

Bald darauf ging auch die Nachricht in Sulz ein, daß der mit seinem Weib, der Baierhannesen-Johannele in Felldorf in Verhaft gelegene Erzräuber Meizele, »der fähig gewesen wäre, den Hannikel wieder aufzulegen«, durch Nachlässigkeit des pflichtvergessenen Amtsknechts aus dem Gefängnis ausgebrochen sei, nachdem er bereits zum Strang verurteilt war. Aber Schäffer fürchtete sich nicht. Schlagfertig wie immer, bot er beherzt seinen Feinden die Stirn und heftete sich an ihre Fersen. Er machte seine Kundschafter mobil, und seine Zigeunerliste, die überall hin den Weg gefunden hatte, leistete vortreffliche Dienste bei der Verfolgung der Jauner. Meizele, der in der Gegend von Neustadt in der Pfalz eine Bande von vierzig Leuten zusammengestellt hatte, wurde bei Speyer ausgehoben und in Felldorf hingerichtet. Ein Aktenstück, das sich auf seine Wiederergreifung bezieht, soll hier besonders erwähnt werden. Es ist ein vom Oberamt Sulz ausgestellter Reisepaß: »Besorgerin dieses, Martha Reinhardin, des Zigeunerkundschafters Hansjerg Reinhards Eheweib, welche nebst ihrer Kamerädin mit dem auf die Hinrichtung der vier

Mörder Hannikel, Wenzel, Duli und Nottele verfertigten Schwabenlied in Schwaben herumzugehen und zu gleicher Zeit den in Felldorf aus dem Gefängniß entwichenen Mörder und Erzdieb Meizelen auszukundschaften gewillt sind, reisen von hier aus einem Gottlob! reinen und gesunden Orte nach Heilbronn und so weiter, weßhalben männiglich, Standes-Gebühr und Erfordern nach, ersucht wird, diese Personen nebst dem, was sie bei sich haben, nichtnur aller Orten und Enden frei, sicher und unbehindert pass- und repassieren zu lassen, sondern auch wann sie von dem Aufenthalt gedachten Meizelens hie oder da eine Anzeige machen werden, solchen sogleich gefänglich anzuhalten und dem hiesigen Oberamt schleunige Nachricht davon zu geben.«

Bis in sein 70. Lebensjahr wachte Schäffer mit Umsicht und Unerschrockenheit über die Sicherheit im Land. Jede verdächtige Bewegung im Innern und außerhalb des schwäbischen Kreises übersah er und signalisierte sie sofort an die Regierung. Kaum waren sieben Zigeuner, welche als Soldaten in Pirmasens waren, verabschiedet worden, so zeigte er schon dem Herzog an, daß durch diese die Störung der Sicherheit der herzoglichen Länder zu befürchten sei. Am 11. Mai 1790 begutachtete der herzogliche Geh. Rat einen Bericht des Oberamtmanns Schäffer von Sulz wegen des befürchteten Eindringens der überrheinischen Zigeuner. Schäffer äußerte darin die Vermutung, daß anläßlich der im Hessen-Darmstädtischen eingetretenen Regierungsveränderung die Jauner mit ihren Familien, welche seit mehr als 50 Jahren in der Gegend von Pirmasens in der größten Ruhe gelebt haben, von dort vertrieben werden könnten, und, da sie befürchten müßten, in Frankreich oder Zweibrücken gehängt zu werden, sich nirgends anders hinwenden könnten als in ihre ehemaligen Aufenthaltsorte bei Herrenalb, Backnang, Schwäb. Hall, Neustadt und Göppingen. Bald darauf galt seine Sorge dem aus dem Ludwigsburger Zucht- und Arbeitshaus entlaufenen Sohn Hannikels, Dieterle, »zumal er von der Rache dieses frechen Bursches, der ihm schon vielfältig mit dem Tod gedroht, alles zu befürchten

Mittelalterliche Folterkammer

hatte«. 1798 bis 1799 beschäftigte ihn die Untersuchung gegen die Jauner- und Mörderbande des Philipp Lux, welcher am 10. Juni 1799 in Sulz hingerichtet wurde. Am 21. September 1803 unternahm er mit 297 Personen eine Streife auf die Buzwegische Bande; das Oberamt Alpirsbach hatte deswegen um Aufbietung eines Militärkommandos gebeten, »jedoch unter Führung des Oberamtmanns Schäffer wegen seiner vorzüglichen Brauchbarkeit«. Nicht bloß die Nachbarstaaten, sondern selbst das ferne Ausland begehrten Schäffers Rat und Beistand.

Von dem großen Brand, der die Stadt Sulz am 15. Juli 1794 heimsuchte, wurde auch Schäffer betroffen. Unter anderem verbrannte ihm das seiner Frau zum Witwensitz kurz vorher gekaufte Haus. Seine Registratur und bewegliche Habe retteten sein treuer Amtsdiener und fünf Zigeuner. Am 1. September 1814 starb Schäffer, geachtet im ganzen Land.

Während sich sein Hannikellied bis in die zweite Hälfte des 19. Jahrhunderts im Volksmund erhielt und so das Andenken an diesen »Tiger in Menschengestalt« fortleben ließ, war die Erinnerung an Schäffer bald mehr und mehr dem Gedächtnis des Volkes entschwunden. Heute ist sein Name so gut wie unbekannt. Hannikels Bildnis wurde mit der Erlaubnis des Herzogs von dem Maler Johannes Hermann von Rottenburg a.N. »in Ölfarb gemalt« und »um dem begierigen Publikum seinen Willen vollkommen erfüllen zu können, die Abbildung dieses berühmten Bösewichts in der hohen herzogl. Karlsschule in Kupfer gestochen«. Ein Bild des Sulzer Oberamtmanns dagegen scheint nicht zu existieren. Auch verlautet nirgends etwas von Ehrungen Schäffers, von einem besonderen Dank des Vaterlandes. Wohl geruhte der Herzog gnädigst zu genehmigen, daß Schäffer eine ihm »durch den hohen Syndikat zu Frauenfeld von den neun das Rheinthal beherrschenden Schweizer Ständen für die bei Inquisitionsfällen geleisteten ersprießlichen Dienste ausgesetzte Denkmünze von 12 Dukaten« als Douceur annehmen dürfe; aber mit seiner Bitte, »bei der Schwäbischen Kreisversammlung wegen der dem Publico in Betreff der Ausrottung der Jauner geleisteten ersprießlichen Dienste um eine Remuneration nachsuchen zu dürfen« will man den Oberamtmann zur Ruhe gewiesen haben.

Allerdings muß aus heutiger Sicht ohne jede Übertreibung behauptet werden, daß Oberamtmann Georg Jacob Schäffer von Sulz einer der ersten, wenn nicht gar der erste Kriminalist in Schwaben war, der moderne, aufgeklärte Ideen in die Aufdeckung des Phänomens Verbrechen und in die Verfolgung der Verbrecher seiner Zeit mit einbezog.

Quellen

Friedrich Christian Benedict Avé-Lallemant: Das deutsche Gaunertum in seiner sozialpolitischen, literarischen und linguistischen Ausbildung zu seinem heutigen Bestande. Neu herausgegeben von Max Bauer. 1. und 2. Band. München und Berlin 1914.

Heiner Boehncke und Hans Sarkowicz: Im wilden Südwesten, Die Räuberbanden zwischen Neckar und Bodensee, Frankfurt/M. 1995.

Eduard Eggert: Oberamtmann Schäffer von Sulz – Ein Zeit- und Lebensbild aus dem Ende des vorigen Jahrhunderts, Stuttgart 1897.

Johann Baptist Herrenberger: Wahrhafte Entdeckung der Jauner- und Jenischen-Sprache, Sulz am Neccar 1791.

Justiz in alter Zeit. Schriftenreihe des Mittelalterlichen Kriminalmuseums Rothenburg ob der Tauber, Band VIc, Rothenburg ob der Tauber 1989.

Gustav Radbruch/Heinrich Gwinner: Geschichte des Verbrechens, Versuch einer historischen Kriminologie, 1. Aufl. Stuttgart 1951, Neuauflage Frankfurt/M. 1990.

Anton Reininger: Die Bekehrungsgeschichte des ehemaligen Zigeuneranführers Jakob Reinhard, genannt Hannickel, welcher den 17. Julius 1787 zu Sulz am Neckar gehängt wurde. Rottenburg a. N., 1831.

[Johann Ulrich Schöll:] »Kostanzer Hanß«. Eine Schwäbische Jauners-Geschichte aus zuverläßigen Quellen geschöpft und pragmatisch bearbeitet, Stuttgart 1789.

[Johann Ulrich Schöll:] Abriß des Jauner- und Bettelwesens in Schwaben nach Akten und andern sicheren Quellen von dem Verfasser des »Kostanzer Hanß«, Stuttgart 1793.
Schurke oder Held? Historische Räuber und Räuberbanden, hrsg. von Harald Siebenmorgen, Sigmaringen 1995.
Gerhard Teschner: Landeshauptmann Söll und Räuberhäuptling Hannickel. In: Schwäbischer Albbote Nr. 65, 18. März 1965, Seite 6.
Christian Friedrich Wittich: Hannikel oder Die Räuber- und Mörderbande, welche in Sulz am Neckar in Verhaft genommen und am 17. Juli 1787 daselbst justificirt worden. Ein Wahrhafter Zigeuner-Roman ganz aus den Kriminalakten gezogen. Tübingen o.J. (1787).
Ausstellung »Historische Räuber und Räuberbanden« des Badischen Landesmuseums im Karlsruher Schloß Ende 1995/Anfang 1996, die danach noch in Bietigheim-Bissingen, Lohr am Main, Biberach und Wackershofen zu sehen war.

Bildquellen

Umschlag: Städtische Sammlungen (Braith-Mali-Museum) Biberach an der Riß, Inv.-Nr. 1990/12021, Foto: Hoffmann.
Seite 6: Andreas Laich. Das Bild gehört zu den Beständen des Wehrgeschichtlichen Museums Rastatt.
Seite 8, 41, 44 (Aquarell von G. Brachmann, um 1850), 71, 86 (Farbige Lithographie, 19. Jahrhundert), 99, 105, 109 (aus der Luzerner Chronik des D. Schilling, 1513), 112 (aus dem Tengler »Laienspiegel«), 118, 135: Mit freundlicher Genehmigung des Mittelalterlichen Kriminalmuseums Rothenburg ob der Tauber übernommen aus »Justiz in alter Zeit«.
Seite 13: Mannheim, Reiß-Museum der Stadt, M 543
Seite 17: Stadtbibliothek Ulm, 60063.
Seite 19 (Aus Sebastian Brants Narrenschiff), 25 (Kupferstich von R. Meyer), 26, 36 (Holzschnitt von Jost Ammann): Aus Avé-Lallemant: Das deutsche Gaunertum.
Seite 33, 49, 123, 128, 140: Archiv des Verfassers.
Seite 55: Hauptgeschäftsstelle Sulz am Neckar der Kreissparkasse Rottweil. Foto: Uli Rothfuss.
Seite 59: Aus Eduard Eggert: Oberamtmann Schäffer von Sulz.
Seite 131: Karlsruhe, Generallandesarchiv, 74/6309. Aus: Schurke oder Held.

Wahrhafte Entdeckung

der

Jauner-

oder

Jenischen-Sprache,

von dem ehemals berüchtigten Jauner

Kostanzer-Hanß.

Auf Begehren von Ihme selbst aufgesezt und zum Druck befördert.

Sulz am Neccar 1791.

Anhang: Wahrhafte Entdeckung der Jauner- oder Jenischen-Sprache, von dem ehemals berüchtigen Jauner Kostanzer-Hanß

Vorrede

Von verschiedenen vornehmen und gemeinen Leuten ist die Forderung an mich gemacht worden:

Die Jauner- oder Jenische-Sprache bekannt zu machen, so wohl in der Schweiz bey meinem lezten Aufenthalt daselbst, als auch in unserem Würtemberg.

Ich nehme daher keinen Anstand dieselbe aufzusezen und dem Druck zu übergeben. Vielleicht daß hie und da bey Inquisitionen, bey verdächtigen Gesprächen in Wirths-Häusern oder auf der Strasse, oder sonst bey Gelegenheiten ein Nuzen daraus entstehen oder Böses verhütet werden könnte.

Zu einer wahren Reue und Leid, über meine in vorigen Jahren leider begangene schwere Verbrechen, gehöret vornemlich ein ernstliches Bestreben guter rechtschaffener Handlungen so viel möglich statt der vorigen schlechten mich zu befleissigen. Diese grosse Pflicht suche ich nun auch hierdurch zu erfüllen, um wo möglich auch dadurch etwas weniges wieder gut zu machen.

Ich werde der Bescheidenheit nicht zu nahe tretten, wenn ich behaupte: daß durch die von mir mit möglichster Genauigkeit und Wahrheit angegebene, von dem Herrn Oberamtmann Schäffer in Sulz am Neccar, aufgenommene Jauner-Liste, auch durch Angebung des entsezlichen Vorhabens einiger meiner eh'maligen Kammeraden, das Kloster Einsiedeln in der Schweiz anzuzünden und zu berauben, welches denn gedachter Herr Oberamtmann noch zu rechter Zeit eilig dahin geschrieben, und also grosses Unglück verhütet worden ist.

Auch daß Mancher unschuldig im Verdacht gewesener, durch meine Entdeckung gewiser Diebstähle, Ehre und guten Namen, (ein so schäzbares Kleinod) zu ihrer und der Ihrigen Freude wieder erlanget haben. Und überhaupt durch Beyfahung und Geständnißbringung manches hartnäckigen Lügners manches Gute gestiftet worden seye.

Sollte nun durch diese Jauner Sprach-Entdeckung ebenfalls Nuzen geschaffet werden, würde mich dieß herzlich freuen, und ich würde mich für die damit gehabte Mühe reichlich belohnt halten.

Diß wünschet von Herzen

der Verfasser.

Jaunerisch.	*Deutsch.*
T'schor.	Der Dieb.
Schornen.	Stehlen.
Einschaberen.	Einbrechen.
Rawine.	Die Leiter.
G'sellig.	Der Laden.
Klammine.	Die Kammer.
Hansel.	Der Kasten.
Sori.	Die in der Kammer und Kiste befindliche Waare.
Mette.	Das Bett.
Schmunk.	Das Schmalz.
Klusterey.	Die Kleider.
Ruoch.	Der Bauer.
Ruoche-Kitt.	Ein Bauren-Haus.
Der Sore scheft in 'rer Ruoche-Kitt.	Die Waare ist in einem Bauren-Hauß.
Hohrbogen.	Ein Stück Rindvieh.
Zusem.	Ein Roß.
Kasser.	Ein Schwein.
Allassel.	Ein Schaaf.
Strohbuzer.	Eine Gans.
Gachene.	Die Henne.
Kipp, Kohluf.	Ein Hund.
Gengil.	Die Kaze.
Gische.	Der Huth.
Kibes.	Der Kopf.
Baschneka.	Ein seidenes Tuch.
Mahlbosch.	Ein Rok.
Malves.	Ein Camisohl.
Klemmerle.	Ein Brusttuch.
Gemsle.	Ein Hembd.
Butsch-g'äumer.	Ein paar Hosen.

Lupper.	Eine Sak-Uhr.
Streifling.	Ein paar Strümpf.
Elemer.	Ein paar Schuh.
Spangen.	Die Schuhschnallen.
Ores.	Das Leder.
Galach.	Der Pfarrer.
Schulfuchser.	Der Schulmeister.
Pilla.	Ein Buch.
Febere.	Schreiben.
Lisama.	Lesen.
Schaale.	Singen.
Galacha-Kitt.	Das Pfarr-Hauß.
Freyklammina.	Die Speiß-Kammer.
Sicherey.	Die Kuche.
Hohland.	Das Kamin.
Mattof.	Der Keller.
Schrende.	Die Stube.
Kesuv.	Das Silber.
Kesuveneheine.	Silberne Löffel.
Fuchs.	Das Gold.
Blete.	Goldstüke.
Kies.	Das Silber.
Ratt.	Die Thaler.
Soft.	Gulden.
Rost.	Das Eisen.
Bodill.	Zinn- und Kupfer-Geschirr.
Mokem.	Die Stadt.
Ballar.	Das Dorf.
Dust, Gaske.	Die Kirche.
Bolent.	Ein Kloster.
Sturm-Kitt.	Das Rath-Hauß.
Prinz oder Sinst.	Der regierende Herr.
Schiankel.	Ein Beamter.
Feberer.	Ein Schreiber.

Schoderer.	Der Amtsdiener.
Scharle.	Ein Schultheiß, Dorfsvogt.
Wetsch.	Der Schüze, Büttel.
Lek.	Das Gefängnis.
Krank.	Gefangen seyn.
G'schok oder Beta.	Ein Jahr-Markt.
Sochter.	Der Krämer.
Baiser.	Der Wirth.
Baiser-Kitt.	Das Wirths-Hauß.
Jaim.	Der Wein.
Gfinkelterjole.	Der Brantenwein.
Leemschlupfer.	Der Bek.
T'schoklamaium.	Der Caffee.
Leham.	Das Brod.
Forena.	Das Meel.
Flude.	Das Wasser.
Gruonert.	Das Kraut.
Mass.	Das Fleisch.
Gerne.	Der Spek.
Manistera.	Die Suppe.
Latsche.	Die Milch.
Bommerling.	Die Aepfel.
Karnet.	Der Käs.
Bembel.	Das Bier.
Scherling.	Die Ruben.
Busa.	Die Grundbiren.
Liranägel.	Die Bohnen.
Strade.	Der Weeg, die Strasse.
Jahre.	Der Wald.
Sprauß.	Das Holz.
Serf.	Das Feuer.
Jak.	Ein Licht.
Wurmer.	Der Bohrer.
Schaberbartle.	Das Stimmeisen.

Feldschaberer.	Ein Pflugsech.
Dalma.	Ein Schlüssel.
Dalmarey.	Ein Schloß.
Gugeschabera.	Ein Loch einbrechen.
Griecha.	Einschlupfen.
Schrendefege.	Eine Stube ausräumen.
Sochtmaloche.	Einen Kramladen plündern.
Galachamaloche.	Einen Pfarrer plündern.
Stradekehrer.	Ein Strassenräuber.
Stradekehra.	Ein Strassenraub.
Gaske maloche.	Ein Kirchenraub.
Kiesle.	Beutelschneiden.
Kalmasschleke.	Opferstöke plündern.
Rädling maloche.	Landgutschen, Güterwägen plündern.
G'schokinger.	Ein Marktdieb.
Ratiginger.	Nachtdiebe.
Heinische kittmache.	Bey Tag ein Hauß bestehlen.
Schaispringer.	Diebe die bey Tag stehlen.
Freyschupfer.	Falsche Spieler.
Fehlinger.	Falsche Aerzte, Oelträger.
Schnurrer oder Jalcher.	Bettelleute.
Stappler.	Falsche Briefträger, betrog'ne Bettler.
Buttschnurr.	Steigbettler.
Pfiffes.	Ein Handwerks-Pursche.
Waider, Rande.	Ein Sak, Felleisen.
T'schor-Kitt.	Eine DiebsHeerberge.
T'schor-Bais.	Ein Diebs-Wirths-Hauß.
T'schor-Kaffer.	Ein Mann der gestohlne Sachen kauft.
T'schor-Gaya.	Eine Frau die dergleichen Waare kauft.
T'schi.	Ja.

Lau.	Nein.
Holchen.	Lauffen, Springen.
Nikle.	Tanzen.
Lethsama.	Die Musik.
Dow're.	Der Tabak.
Dow're schwäche.	Tabak-Rauchen.
Süß Hauß.	Ein Bienenstok.
Flade.	Seid'ne Band.
Bokdam.	Das Tuch überhaupt.
Zug.	Das Garn.
Durchzug.	Der Faden.
Sakem.	Das Messer.
Heine.	Der Löffel.
Dippelb'ärre.	Die Kappe, Müze.
Nolle.	Ein Kochhafen.
Stenker.	Der Stall.
Gral.	Die Frucht.
Spiznase.	Die Gerste.
Lauffer.	Das Oel.
Kodem.	Ein Kind.
Stegem.	Ein Sohn, Knabe.
Schikse.	Ein Mägdlein.
Elemergluker.	Ein Schuhmacher.
Stupfer.	Der Schneider.
Rachaimer.	Der Müller.
Kazuf.	Ein Mezger.
Bembler.	Ein Schmid.
Fladeres.	Ein Barbier.
G'schnellt.	Geschossen.
Guft.	Geschlagen.
Hamore.	Die Händel.

Jaunerisch.	Deutsch.
Stupfer.	Der Schneider.
Rachaimer.	Der Müller.
Kazuf.	Ein Mezger.
Bembler.	Ein Schmid.
Fladeres.	Ein Barbier.
G'schnellt.	Geschossen.
Guft.	Geschlagen.
Hamore.	Die Händel.

Schmusereyen oder Gespräche.

Herrles im Palar schest 'n dose T'schor-Kitt.	In diesem Dorf ist ein recht gutes Spizbuben-Hauß.
Meinst schefte kaine Kochem herrles?	Meinst du es seyen keine Diebe da?
Es schefte g'wiß ener König, m'r bstiebe Kammerusche.	Es sind gewiß darinnen wir bekommen Kammeraden.
Baiser scheftem keine Kochem herrles?	Wirth sind keine Diebe da?

T'schi

Schmusereyen oder Gespräche.

Herrles im Palar scheft 'n dose T'schor-Kitt.	In diesem Dorf ist ein recht gutes Spizbube-Hauß.
Meinst schefte kaine Kochem herrles?	Meinst du es seyen keine Diebe da?
Es schefte g'wiß ener König, m'r bstiebe Kammerusche.	Es sind gewiß darinnen wir bekommen Kammeraden.
Baiser scheftem keine Kochem herrles?	Wirth sind keine Diebe da?
T'schi, schmußt der Baiser, zwiß scheften in der Mette, s'e Schlauna.	Ja, sagt der Wirth, es liegen zwey im Bette sie schlafen.
Der Baiser stekts den Kochem die Schlaunet, es schefte fremde Kammerusche bekanum.	Der Wirth sagts denen Dieben die schlafen, es seyen neue Kammeraden da.
Jezt holche s'e aus der Mette in d'Schrende.	Jezt gehen sie aus dem Bette in die Stube.
Sie steke einander die Fehma.	Sie geben einander die Hand.
S'e schmuset zum Baiser: Kekel e'melterle G'finkelterjole.	Sie sagen zum Wirth, hohle 1 Maß Brandenwein.
Jezt schwächet s'e grandig.	Jezt trinken sie gewaltig.
Prisge wo holchet'r her? Aus'm Bomm!	Brüder wo kommt ihr her? Aus der Schweiz.
Schefts schofel im Bomm?	Ist es bös in der Schweiz?
Lau, m'r hent'n Socht gmalocht, drum sind m'r übers Maium gf'loscht.	Nein wir haben einen Kramladen geplündert, darum sind wir über den Rhein geschift.
Ists'e grandiger Socht g'scheft?	Ist es ein grosser Laden gewesen.

Drey grandige Waider mit Sohra hent m'r b'stiebt.	Drey grosse Päke mit Waaren haben wir bekommen.
Scheft'r Sohre schon verkönigt?	Ist die Waare schon verkauft?
Lau, s'e scheft verschabert im Jahre.	Nein, sie ist verstekt im Wald.
Jezt schefte m'r 4. rechte Kaffer herrles, hot keiner kein Socht maker?	Jezt sind wir 4. rechte Kammeraden bey einander, weißt keiner einen rechten Kramlaaden?
T'schi in der Grillische-Käfermärtine z'Herrenberg do scheft e' grandiger Socht, der ist dof zmalochet.	Ja im Würtembergischen zu Herrenberg ist ein rechter Kaufladen, der ist gut zu plündern.
Scheft des Mokem weit unter könig? b'schutt zwey Rattene und ein jamm hent m'r z'holchet.	Ist das Städtlein weit unten im Land? Ja zwey Nächte und einen Tag haben wir zu lauffen.
Dean Socht weand m'r maloche!	Den Laden wollen wir plündern!
Schefte Klasse, Kehrum, Schaberbartle, Kimmel und Walze und gute Waider bekanum?	Sind wir auch versehen mit Pistölen, Seitengewehre, Stimmeisen, Pulver und Bley und guten Säken?
T'schi i' habe dofe Klasse mein Kammerusch n'dofen Kehrum n' dofen Schaberbartle, Kimmel und Walze schefter grandig bekanum.	Ja ich habe guten Pistol, mein Kammerad einen guten Hirschfänger und Stimmeisen, mit Pulver und Bley sind wir auch wohl versehen.
Holchet m'r au durch schofte Märtinen? T'schi's'schäft schofel unter könig.	Kommen wir auch durch gefährliche Orte? Ja es ist schlimm da drunten.

In der Grillische Käfermärtine do schefte schofle Grandscharrle, im Mogumle Sulz scheft e' G'wandter, und im Palar z'Alpirsbach scheft auch e' schofler, se' holche bey Ratte und Jamm do' kan ma' lau schefte se' b'stiebet ei'nn.	In denen Würtembergischen Landen, da sind jetzt scharfe Hatschier, in dem Städtlein Sulz da ist ein Handvester, und in Alpirsbach da ist auch ein böser; sie lauffen bey Tag und Nacht, da kan man nicht Durchkommen, sie bekommen einen gewis.
Der Schiankel z'Sulz hot mit seun ausfebere g'malocht daß weit in der Märtine, Grillisch und Wahnisch, sich kein Kochem Geis lau jalcher derfe lense lassen.	Der Oberamtmann zu Sulz hat durch sein vieles Aus-Schreiben gemacht, daß sich weit und breit, im Lutherisch und Catholischen kein Diebsgesindel mehr darf sehen lassen.
Des scheft schofel! In die Märtine holch i' lau.	Das ist bös! In dieses Land gehe ich nicht.
T'schi freylich schefts schofel, schon einige Jann scheftet z'Sulz et'Leka voll Kranke, ma hot 4. G'schürt, und grandig in d'Schofelkitt g'rodelt.	Ja freylich ist es schlim schon einige Jahre sind die Gefängnisse in Sulz voll Gefangene gewesen, 4. hat man gehängt und viele in das Zuchthauß gesperrt.
Wann der Schiankel z'Sulz so schofel scheft und d'Kochem geis so Krank schorne läßt so sott män Kaporn.	Wenn der Oberamtmann zu Sulz so schlimm ist so solte man ihn umbringen.

T'schi die Sente übr'm Maium hent scho' einige Jane ihm schmusen lasse: se' well'ne schofel Kapore.	Ja die Zigeuner über dem Rhein haben ihm schon lange sagen lassen, sie wollen ihn auf eine schrökliche Art ermorden.
Ka m'n lau b'stiebe? Lau sein Kitt scheft im Mogum, do ists lau z'malochet.	Kan man ihn nicht bekommen? Nein sein Haus steht' mitten in der Stadt.
Holcht er am Jam lau aus 'm Mogum auf Balar in der Märtine?	Geht er am Tage nicht aus der Stadt, auf die Dörfer im Land?
T'schi wann er fürs Mogum holcht, so scheft sein schofler Schoderer, der der bing selber scheft bey Ihm, mit Klasse und Kehrum, und er baußt ihm gar lau, er mag so weit holche als er will.	Ja wenn er aus der Stadt verreiset so ist sein böser Amtsdiener bey ihm, der ärger als der Teufel selber ist, mit Ober- und Untergewöhr, und er förchtet sich gar nicht, er mag so weit reisen als er will.
Wenn es so schofel scheft in der Grillische Käfermärtine, so holche ich lieber ins Bomm, auf'n Gallache als auf den Socht in Herrenberg.	Wenn es so schlimm ist im Würtembergischen so gehe ich lieber in die Schweiz an einen Pfarrer, als auf den Kramladen in Herrenberg.
Schefte im Bomm auschere Gallache?	Sind in der Schweiz auch reiche Pfarrer?
T'schi viel auscherer als in der Käfermärtine.	Ja viel reicher als im Schwabenland.
Host'n Galoche maker der z'maloche ist? T'schi, s'Stein am Flossert scheft 'n auscherer Galach, der ist dof z'malochet.	Weissest du ein Pfarrhaus das gut zu plündern ist? Ja zu Stein am Rhein ist ein reicher Pfarrer, der ist gut zu plündern.

Wie scheft Kitt? Se' scheft vo'rm Mogumle draus, m' hot kein schmier z'bauset.	Wie steh't das Hauß? Es steht vor dem Städtlein draussen, man hat keine Wache zu fürchten.
Z'Ratte we'nd m'r den Gallache maloche!	Diese Nacht wollen wir den Pfarrer plündern!
Die T'schor holchet ab, aus 'm T'schorbais auf d'Gallache.	Die Diebe reisen von dem Wirthshaus aus, auf den Pfarrer.
Des scheft die Gallacha-Kitt bekanum ihr Priske, dia Schrende scheft ho, m'r brauche a' Rawine, Zicherey unter Mattor schefte vergrammist.	Diß ist das Pfarrhauß ihr Brüder! Die Wohnstube ist sehr hoch, wir brauchen eine Leiter: denn die Kuche und der Keller haben eiserne Creuz.
Herrles in der Schambutter scheft n'Rawine.	Hier in der Scheuer ist eine Leiter.
Die Rawine wird hergekekelt und an die Fenette geschlupft.	Die Leiter wird hergetragen und an die Fenster gestellt.
Wer holcht en'nr könig? Der g'wand'ste.	Wer steigt hinein? Der beste von uns.
Zwis schefte uf Tschmir, einer n' Klasse, der ander n' Kehrum, er scheft Rawine nuf, malocht das Gefölk und S'fenetter hosper.	Zwey stehen auf die Wache, der eine mit einem Pistol, der andere mit einem Hirschfänger, einer ersteigt die Leiter, macht den Laden und das Fenster auf.
Jetzt molocht er 'n Jak und scheft in dia Schrende der Gallach und Gallächin josten in der Mette, Tribis Köhlufe schefte in der Schrende.	Jezt macht er ein Licht, steigt in die Stube, der Pfarrer und die Pfarrerin lagen da im Bett, 3. Hunde sind in der Stube.

Der Kochem zupft ’n Lopper ’n Mahlbosch, ’n Klemmerle ’n dobrefemme, und holcht zum Fenetter naus, die Kohlufe hent lau zögernt.	Der Dieb nimmt eine Sakuhr, einen Rok, ein Brusttuch, eine Tabacbüchse, und steigt zum Fenster hinaus, die Hunde haben nicht gebollen.
Jetzt maloch i’ schiabes, es kohlert mi’ und Schwächert mi’.	Jezt gehe ich fort es hungert und dürstet mich.
Went mr ins Bais holche und e’ Mälterle Jajem schwäche, und für zwis t’rol Kächelterleam butte.	Jezt wollen wir ins Wirthshauß und wollen 1 Maß Wein trinken, und um 2 Bazen weiß Brod essen.
Zwis Kochem schefte e’me Bais, wo grandige Sochter Z’leili schefte.	Zwey Diebe sind in einem Wirthshauß, wo etliche Kaufleute logiren.
Sie’ schmusen auf Jenisch: Die Sochter hent recht Kies, und dofe Lapper, heut leile wehnt m’rs b’Schornen.	Sie reden auf ihre Sprache: Die Krämer haben recht Geld, und schöne Sakuhren; heut Nacht wollen wir Sie bestehlen.
Heimdig! schmußt der eine, der Sochter herrle’s am Kleppert, der uns so grandig anlenzt, hat Farmaker.	Sey still! Der Kaufmann der da am Tisch sizt, und uns so stark ansieh’t, der versteh’t uns’re Sprache.
Des scheft schofel, wir maloche schiebis sonst zopft m’ uns Krank.	Das ist bös wir wollen machen daß wir weg kommen, sonst nimmt man uns gefangen.
Se zaint den Baiser und malochet schiebis.	Sie zahlten den Wirth und giengen so gleich fort.

Si'e holchte im Jahre und schmußte: Die Sochter holche vor Jamm herrlis vorüber n'o zopfe m'r ihr Kies.

Lau, schmußt der andere: Stradikehrich lau, es scheft schofel wann m'n Stradekehrer krank malocht, so scheft er Kapore.

In di'r scheft der Bauser recht grandig, bist denn schon viel Krank g'scheft?

T'schi, host dann du lau maker, daß ich in der Grillische-Käfermärtine d'Sulz e' Jane bin Krank g'scheft?

Ey poz sodom! D'schmusereyen holcha, bey sellem schofle Schiankel kome mr lau me'r boder. Er scheft so a' schofler Kaffer im verlenz.

T'schi in d' erste verlenz, scheft er schofel, wann m'r gar lau zögern, des Er scho maker hot. Der laut Kohl malocht und zögernd die More di' er maker hot: So scheft kein deferer Sinz. Er stekt ei'm Dof. Z'kahlet und z'Schwächet und malocht ei'n wieder boder.

Sie giengen in Wald, einer sagte: Die Kaufleute passiren vor Tag hierdurch, denn nehmen wir Ihnen Ihr Geld.

Nein sagte der andere: Strassenrauben thue ich nicht, wenn man einen Strassenräuber einfangt so hängt man ihn gewiß.

In dir stekt grosse Angst, bist denn schon viel gefangen gesessen?

Ja weist denn du nicht daß ich im Würtemberger-Land zu Sulz ein ganzes Jahr gefangen gesessen.

Ey poz Teufel! Die Reden gehen stark bey diesem bösen Amtmann komme keiner mehr los, Er seye so ein scharfer Mann im Verhör.

Ja in den ersten Verhören ist er scharf, wenn man gar nichts bekennen will, Sachen die Er schon wohl weist. Wenn man aber nicht lügt und seine Diebstehle bekennt, so giebt es keinen bessern Herrn. Er gibt einem gut zu Essen und zu Trinken und bälder wieder Freyheit.

Scheft d'Zurzacher grandig beta ebbes z' malochet im Bemutte?	Ist auf der Zurzacher-Messe etwas zu machen, mit Beutelschneiden?
T'schi d'o scheft grandig Kies, und b'stiebt dofe Lopper.	Ja da ist brav Geld, und man bekommt schöne Sakuhren.
Holchen grandig G'schokinger uf der Beta, und Bemutter?	Kommen viele Marktdiebe auf diesen Markt, und auch Beutelschneider?
T'schi alle Gschuk 40. 50. Kaffer und Gajerne.	Ja alle Markte 40. biß 50. Männee und Weiber.
Schefts schofel wann m'r mohre b'stiebt und krank wurd? Lau m' bstiebt etliche Makoles und rodelt ein'n über d'Mejum.	Ist es bös wenn einer ertappt wird und gefangen genommen? Nein man bekommt etliche Stokschläge, und wird über das Wasser geführt.
Des scheft dof, d'o schef e' dofe Prinzerey; im Bomm schefts überall dof für Kochem, Grandscharrle scheftet lau schofel, do' schefts dof d'Schoren.	Da ist es gut da seyn gute Herren; in der Schweiz ists überall gut für die Diebe, die Hatschier sind für nichts und die Herren sind gar nicht scharf, da ist es gut stehlen.
Im grandigem Mokum d'Zürch do' schefts 'm schofelste, do' schefe auschere Prinza zum Verlenz, Sie steken grandig Kies, schef Ihnen lau zu keif den Kochem aus der Märtine zu schupfe.	In der grossen Stadt Zürch da ist es am schärfsten, da sind sehr vernünftige Herren zu Verhör, Sie geben Geld genug; es ist Ihnen nichts zu theuer den Dieb aus dem Land zu schaffen.

Zum Beschluß folgen noch ein paar Strophen aus Jauner-Lieder, die ein Jeder, der sich mit der Jauner-Sprache nur ein wenig bekannt machen will, leicht ins Deutsche übersezen kann.

Ey lustig seyn Kanofer (die Diebe Schorne)
Dann sia thun nichts als Schofle;
Wann sia kenne Rande fülla
Und brav mit der Sore springa.
Hei ja! Vi va!
Grandscharrle was machst du da?

Schiksal was hot auh der Kochem g'schmußt
Wia er ist abgholcht von dier?
Er hot g'schmußt: Wann er vom Schornen holch
Scheft er gleich wieder zu mier.

Über den Autor

Uli Rothfuss, geb. 1961 in Ebershardt (Württemberg), Kriminalbeamter, studierte Deutsche Sprache und Literatur, »gehobenen Kriminaldienst« und Soziologie/Kriminalwissenschaften. Er hat einen Lehrauftrag in Soziologie an der baden-württembergischen Hochschule für Polizei. Außerdem ist Rothfuss Dozent für Literaturpädagogik an der Internationalen Hochschule für Kunsttherapie Überlingen und Honorarprofessor für deutschsprachige Literatur und Literaturpraxis an den Staatlichen Hochschulen für Sprachen und der Künste in Baku (Aserbaidschan), wo er jährliche Vorlesungsaufenthalte verbringt.

Uli Rothfuss, der in Calw im nördlichen Schwarzwald lebt, hat unter anderem Kinder- und Jugendbücher, Erzählungen und Kriminalgeschichten verfaßt. Er ist Mitglied des deutsch-schweizerischen PEN-Zentrums und wurde mit mehreren Literaturpreisen ausgezeichnet. Im Silberburg-Verlag sind von ihm erschienen: »Der Schatz der Zwerge« (vergriffen), »Typisch Freunde!«, »Das Besenmännle« sowie zahlreiche Beiträge in der Monatszeitschrift »Schönes Schwaben«.